اقتصاديات
المالية العامة

اقتصاديات
المالية العامة

الأستاذ الدكتور

سعيد علي محمد العبيدي

رئيس قسم الاقتصاد - جامعة الأنبار

الطبعة الأولى

٢٠١١

رقم الإيداع لدى دائرة المكتبة الوطنية (١٨٩١/٥/٢٠١٠)

٣٣٦
العبيدي ، سعيد علي محمد .
اقتصاديات المالية العامة / سعيد علي محمد العبيدي . عمان: دار دجلة ٢٠١١.
(٢٨٨) ص
ر.أ: (١٨٩١/٥/٢٠١٠).
الواصفات:/ المالية العامة //
أعدت دائرة المكتبة الوطنية بيانات الفهرسة والتصنيف الأولية

الآراء الواردة في هذا الكتاب لا تعبر بالضرورة عن رأي الجهة الناشرة
الطبعة الأولى ٢٠١١

دار دجلة
ناشرون وموزعون
المملكة الأردنية الهاشمية
عمان- شارع الملك حسين- مجمع الفحيص التجاري
تلفاكس: ٠٠٩٦٢٦٤٦٤٧٥٥٠
خلوي: ٠٠٩٦٢٧٩٥٢٦٥٧٦٧
ص. ب: ٧١٢٧٧٣ عمان ١١١٧١- الأردن
جمهورية العراق
بغداد- شارع السعدون- عمارة فاطمة
تلفاكس:٠٠٩٦٤١٨١٧٠٧٩٢
خلوي: ٠٠٩٦٤٧٧٠٥٨٥٥٦٠٣
E-mail: dardjlah@yahoo.com
www.dardjlah.com

978-9957-71-171-9 : ISBN

بسم الله الرحمن الرحيم

(قال اجعلني على خزائن الأرض إني حفيظ عليم)

(يوسف:٥٥)
صدق الله العظيم

الإهداء

إلى

من لم يفارق ذكرهما و الدعاء لهما قلبي ولساني أمي و أبي رحمهما اللـه تعالى

....

إلى

رفيقة دربي في حياتي و الـتي شـاركتني أفـراحي و أتـراحي و قامت بـتربية
أولادي على الدين زوجتي المباركة ....

إلى

مـن جعلهم اللـه نجوما تزيّـن لي لـيل هـذه الحيـاة الدنيـا أولادي الأعزاء

....

إلى

كل من جاهد لتكون كلمة اللـه هي العليا من قضى نحبه و من ينتظر ....

الأستاذ الدكتور
سعيد علي محمد العبيدي

الفهرس

الفصل الثاني

النفقات العامة

الفصل الثالث

الايرادات العامة

الفصل الخامس
المالية العامة في الاسلام

المقدمة

الحمد لله رب العالمين و أفضل الصلاة و أتم التسليم على سيدنا محمد و على آله الأخيار وصحبه الأطهار نجوم الليل و أعلام النهار ومن تبعه بإحسان إلى يوم الدين.

أما بعد:

فانه لا يخفى على أحد أهمية قيام الدولة قديماً وحديثاً. وإنها ضرورة لا بد منها للشعوب والأمم. و إن كانت هذه من بديهيات علم السياسة أو علم الاجتماع، فهي ذات أهمية من جانب علم الاقتصاد. ذلك لان قيام الدولة يستلزم موارد مالية لإدامة حياة الدولة وكما قيل قديماً "لا سلطان إلا برجال ولا رجال إلا بمال". فمهما كان حجم الدولة ومدى نفوذها فهي تبقى بحاجة ماسة إلى المال لتتمكن من أداء مهامها التي قامت لأجلها.

إن الميدان العلمي الذي يهتم بدراسة الايرادات و النفقات العامة للدولة من جميع جوانبها هو علم المالية العامة. و مهما كان المذهب الاقتصادي الذي تدين به الدولة أو نوع النظام السياسي الحاكم، فإن دور الدولة آخذ بالتعاظم في جميع مجالات الحياة. و هذا يستلزم بحثاً و دراسة عميقة للوسائل التي تمكن الدولة من تحقيق اهدافها. و هذه المشاكل هي الايرادات و النفقات العامة بالمقام الأول. و ما يتصل بهما من موازنة عامة و سياسة مالية .

إن هذا الكتاب الذي بين يديك يتناول دراسة الظاهرة المالية بمستوى المرحلة الثالثة لطلاب الدراسات الأولية لعلم الاقتصاد. و هو كتاب منهجي بالمقام الأول وهذا لا يمنع من استفادة القارئ غير المختص منه.

إن أهم ما يميز هذا الكتاب عن غيره من الكتب المنهجية الأخرى هو عدم وجود الإسهاب الممل أو الإيجاز المخل.

لقد تم تقسيم هذا الكتاب على خمسة فصول وكما يأتي:

الفصل الأول: تناول التعريف بالمالية العامة و الفروق بينها و بين المالية الخاصة و الفروق بين الحاجات العامة و الحاجات الخاصة والمعايير المعتمدة للتمييز بينهما. إضافة إلى مراحل تطور المالية العامة و أسباب أو موجبات تدخل الدولة في الاقتصاد الحديث و علاقة علم المالية العامة بالعلوم الأخرى.

الفصل الثاني: تناول النفقات العامة من حيث التعريف بالنفقة العامة و قواعد الانفاق العام والتقسيمات المعتمدة للنفقات العامة. إضافة إلى انواع النفقات العامة وحجم الانفاق العام من حيث حدوده و أسباب زيادة النفقات العامة، و آثار النفقات العامة الاقتصادية المباشرة و غير المباشرة و بعض المؤشرات الكمية لقياس هذه الآثار.

الفصل الثالث: تناول الايرادات العامة للدولة و هي عائد الدولة من أملاكها (الدومين) والرسوم و الضرائب من حيث مفهومها و التنظيم الفني لها و أسعارها و تقدير وعاء الضريبة و عملية تحصيل الضرائب و التهرب من الضريبة والعبء الضريبي والعوامل المؤثرة فيه إضافة إلى الآثار الاقتصادية للضرائب. وكذلك تناول هذا الفصل الفروض العامة و الإصدار النقدي الجديد كإيرادات للدولة في بعض الظروف.

الفصل الرابع: تناول الموازنة العامة من حيث التعريف و تقسيمات الموازنة

العـامة و القواعد المتبعة في الموازنـة العـامـة و مـراحل إعـدادها وأخـيراً السياسـة المـالية و أدواتها.

الفصل الخامس: تناول المالية العامة في الاسلام مـن حـيـث الايرادات و النفقـات العـامة، و انواع الموازنات العامة و خصائص الموازنة العامة في الاسلام و الرقابة المالية في الاسلام.

وبعد أن تم انجاز هذا الكتاب لا يسعني إلا أن أحمد اللـه على انتهائي كما حمدت اللـه في ابتدائي و أشكره تعالى على توفيقه لي في ذلك. كما أشكر كل من له يد بيضاء في انجاز هذا الكتاب. كما أتوجه بالشكر والتقدير إلى جامعة الانبار لتبنيها طبع و نشر هذا الكتاب و أشكر كلية الإدارة و الاقتصاد في هذه الجامعة لاعتماد هـذا الكتاب أحـد الكتـب المنهجية في المرحلة الثالثة من قسم الاقتصاد .

اسـأل اللـه أن يجعل هذا الكتاب علمـاً نافعاً ينتفع بـه غيرنا و ننتفع بـه في الحـياة و بعد الممات. ولا أدعي لهذا الكتاب تمام الكمال ومسك الختام ولكن حسبي أنني بذلت فيه هذا الجهد. فإن أصبت فبتوفيق و فضل مـن اللـه وإن أخطأت فمـن نفـسي وإن كانـت الثانية فأقول رحم اللـه امرأً أهدى لنا عيوبنا. وآخر دعوانا أن الحـمد لله رب العـالمـيـن و الصـلاة و السلام على سـيد المرسلين محمـد و على آلـه و صحبه و من تبعه إلى يوم الدين.

الفصل الأول
مدخل لعلم المالية العامة

الفصل الاول
مدخل لعلم المالية العامة

يتناول هذا الفصل المباحث الآتية:

١-١: المبحث الاول: تعريف علم المالية العامة.

١-٢: المبحث الثاني: الفروق بين المالية العامة والمالية الخاصة.

١-٣: المبحث الثالث: الحاجات العامة والحاجات الخاصة.

١-٤: المبحث الرابع: مراحل تطور المالية العامة.

١-٥: المبحث الخامس: علاقة علم المالية العامة بالعلوم الأخرى.

المبحث الاول

1-1: تعريف المالية العامة

يعرف علم المالية العامة بانه (العلم الـذي يعنـى بدراسـة الاعتبـارات السياسية والاقتصادية والفنية والقانونية التي يتعين على الدولـة أن تراعيها وهي توجه نفقاتها وإيراداتها بقصد تحقيق الأهداف الاجتماعية والاقتصادية النابعة من مضمون فلسفتها الاجتماعية)[1].

يتضح لنا من هذا التعريف أن علم المالية العامة يهتم بنشـاط الدولـة المـالي مـن حيـث تدبير الإيرادات العامة اللازمة لتغطية النفقات العامة التي تستخدمها الدولة لإشباع الحاجات العامة التي يتعين على الدولة إشباعها. وكذلك يهتم علم المالية العامة بدراسـة الآثار المختلفة للإيرادات والنفقات العامة. ويسعى علم المالية العامة لتكييف هـذه الآثار بحيـث تحقق مـا تصبو اليه الدولة من أهداف اجتماعية واقتصادية... الخ.

أن علم المالية علم مستقل بذاته. يتبع الطرائق العلمية في اكتشاف القوانين التي تحكم الظاهرة المالية من حيث العوامل المؤثرة فيها والآثار المترتبة عليها. ولعلم المالية العامـة صـلات وثيقة بالعلوم الأخرى كعلم الاقتصاد والقانون والسياسة والاجتماع إلا أن أيا من هـذه العلـوم لا يستوعب المهمة التي يقوم بها علم المالية العامة لا مـن حيـث طريقـة البحـث ولا مـن حيـث الأهداف التي يسعى إلى تحقيقها.

---

(١) عبد العال الصكبان، " مقدمة في علم المالية العامة، والمالية العامة في العراق "، ج ١، ط١، مطبعة العـاني، بغداد، ١٩٧٢، ص٣٢ .

ومن الجدير بالذكر أن تطور العلوم وتعقـدها ولاسيما العلـوم الاجتمـاعية تـبعا لتطور الحياة وتعقـدها عمل علـى تقليل الحـدود الفاصلة بـين هـذه العلـوم. وذلك بسبب اشتراك هذه العلوم في تحقيق أهداف اجتماعية مشتركة إلى حد كبير، تعجـز دراسـة علـم واحـد عن تحقيقها. مثال ذلك نجد أن تحقيق النمو والاستقرار الاقتصادي والاجتماعي هدف يهـم كـلا من علم المالية العامة والاقتصاد والسياسة والقانون والاجتماع وغيرها من العلوم. إلا أن كل علم يتناول جانبا معينا من هذا الهدف بالدراسة والتحليل بشكل يختلف عما تتناوله العلوم الأخرى.

المبحث الثاني

1-2: الفروق بين المالية العامة والمالية الخاصة

هناك فروق جوهرية بين طبيعة كل من المالية العامة والمالية الخاصة. واهم هذه الفروق ما يأتي[1]:

١-٢-١: الهدف من النشاط:

تهدف المالية الخاصة إلى تحقيق مكاسب ماليه تتمثل في الحصول على اكبر ربح ممكن من استغلال ما متاح من موارد اقتصادية. ولا تهتم المالية الخاصة بإشباع الحاجات العامة. أما المالية العامة فهي تهدف إلى تحقيق المصلحة العامة من إشباع الحاجات العامة للمجتمع وهذا لا يعني أن الدولة في نشاطها المالي لا تعير أي اهتمام للاعتبارات الاقتصادية. إلا أن الدولة تهتم في نشاطها المالي بالاعتبارات الاجتماعية أو ما يسمى بالجدوى الاجتماعية للنشاط المالي والتي تكون الجدوى الاقتصادية جزءا منها. وبناءا على ذلك فان معيار النجاح في المالية الخاصة هو تحقيق اكبر مكاسب مالية. وعليه يرفض أي مشروع أو أي نشاط لا يحقق هذا الهدف. أما في المالية العامة فإنها تهدف إلى تحقيق مكاسب اجتماعية واقتصادية وسياسية ويكون النشاط ناجحا إذا ما حققت هذه الأهداف حتى لو كان النشاط غير مجد من الناحية المالية الصرفة - الإيرادات اقل من النفقات - ويستثنى من ذلك المشاريع الإنتاجية الحكومية ذات الطابع الاقتصادي

(١) طاهر الجنابي، دراسات في المالية العامة، الجامعة المستنصرية، بغداد ١٩٩٠,ص ٢٢- ٢٤.

والتي يحكمها المعيار الاقتصادي - تحقيق الربح - حيث تستوي في ذلك مع مشاريع القطاع الخاص.

١-٢-٢: طريقة الحصول على الإيراد:

تحصل المالية الخاصة على إيراداتها عن طريق رضائي أي التعاقد، مثل بيع ما تملكه من منتجات أو ممتلكات أو ما تقدمه من خدمه مقابل ثمن. هذه الأثمان تكون إيرادات المالية الخاصة. أما المالية العامة فإنها تحصل على إيراداتها في الغالب بطرق قسرية. فهي تملك سلطة فرض الضرائب وتأميم المشاريع ومصادرة الأموال وتقديم خدمات للمواطنين تحدد رسومها من قبل الدولة. ولها القدرة على اصدار النقود الجديدة. وهذا هو الأسلوب الغالب في حصول الدولة على إيراداتها. إلا أن هذا لا يمنع من أن تحصل الدولة على إيرادات بأسلوب رضائي تعاقدي يشبه أسلوب المالية الخاصة. مثال ذلك الإيرادات التي تحققها الدولة من ارباح المشاريع الإنتاجية ذات الطبيعة الاقتصادية. أن الأسلوب القسري لا يعني أن الدولة لها قدرة لا نهائية في الحصول على الإيرادات، فمثلا فرض الضرائب يكون محدد بقدرة المكلفين على دفع الضرائب. وكذلك بالآثار الناشئة عنها. فتجاوز حدود معينة عند فرض الاعباء الضريبية على الأفراد والمنشآت الخاصة يكون لها آثار سلبية على حجم الناتج ومستوى الاستخدام - العمالة - في الاقتصاد القومي. وعلى مدى تقبل الأفراد للزيادة في الاعباء الضريبية ايضا. وان هذه الآثار تكون سلبية بعد مدة معينة حتى على حصيلة الضرائب نفسها.

١-٢-٣: الموازنة بين الإيرادات والنفقات:

في المالية الخاصة تتم الموازنة بين الإيرادات والنفقات من تحديد الإيرادات

أولا ومن ثم يتم الانفاق في ضوء ما يتيسر لها من إيرادات. فالشخص يحدد دخله أولا ومن ثم يقوم بعملية الانفاق ثانيا. وذلك بسبب محدودية قدره الأفراد والمنشآت على توفير الإيرادات. أما في المالية العامة فان الدولة تقوم بتحديد النفقات أولا ومن ثم تقوم بتدبير الإيرادات اللازمة لتغطية هذه النفقات. ويكون الأمر كذالك لسببين الاول هو أن نفقات الدولة في كثير من جوانبها تكون واجبة الدفع ولا يمكن التخلي عنها أو تأجيلها لأي سبب من الأسباب مثال ذالك النفقات اللازمة للدفاع الخارجي وتوفير الأمن والقضاء.... والسبب الثاني هو أن للدولة قدرة كبيرة ومرونة عالية في تدبير الإيرادات. فهي تستطيع زيادة أسعار الضرائب القائمة أو فرض ضرائب جديدة أو زيادة أسعار رسوم الخدمات التي تقدمها للأفراد والمنشآت الخاصة. أو الاقتراض من المصادر الداخلية أو الخارجية وأخيرا لجوءها إلى الإصدار النقدي الجديد. أن هذه القدرة وان كانت كبيرة وواسعة مقارنة مع قدرة المالية الخاصة إلا أنها قدرة نسبية وليست مطلقة. وهذا ما يحتم على الدولة أن تلتزم جانب الرشد في نفقاتها واستخدام قدرتها على تدبير الإيرادات بحذر شديد لأنه إذا أسيء استخدام هذه القدرة تكون لها آثار سلبية خطيرة وغير محمودة العواقب على الدولة والمواطنين والاقتصاد القومي.

أن هذه الفروق بين المالية العامة والمالية الخاصة لا تعني الفصل التام أو عدم وجود أي علاقة بين الماليتين. فهناك تداخل في أكثر من مجال. مثال ذلك أن الدول تتبع في الوقت الحاضر الأسلوب الرضائي ـ التعاقدي ـ في الحصول على كثير من إيراداتها. فهي تبني المشاريع الاقتصادية وتبيع منتجاتها في الأسواق وتحقق جراء ذالك الأرباح الاقتصادية التي تشكل إيرادات عامة للدولة. وكذلك ترد على قدرة الدولة في تدبير الإيرادات العامة قيود

كثيرة منها اقتصادية وسياسية واجتماعية تحد من قدرتها في تحصيل المزيد من الإيرادات. وكذالك تحتكم الدولة إلى المعايير الاقتصادية في الحكم على كثير من نشاطاتها الاقتصادية. فهي تحاول أن تحقق الجدوى الاقتصادية والمالية من جراء انشائها المشاريع الإنتاجية والخدمية فضلا عن تحقيقها مكاسب اجتماعية أخرى.

المبحث الثالث

١-٣: الحاجات العامة والحاجات الخاصة

تقسم حاجات الإنسان على نوعين من الحاجات الأولى تـدعى الحاجات الفرديـة أو الخاصة يحتاجها الإنسان بصفته الشخصية فهو يحتـاج إلى الغـذاء والسكن والملابس والـدواء، وعادة ما يسعى إلى إشباع هذه الحاجات بنفسه، حيث يعمل ويحصل على دخل ينفقه لإشباع هذه الحاجات. أما النوع الثاني فيدعى الحاجات الجماعية أو العامة. وهذه الحاجات تنشأ مـن حاجه الإنسان إلى العيش في مجتمع حيث انه مدني بالطبع. ويشعر بالحاجة إلى إشباعها ضـمن حاجة المجتمع إلى ذلك، مثال ذلك الحاجة إلى الأمن والدفاع ضـد الاعتداء الـخارجي والقـضاء وتحـقيق العـدالة.... هذه الحاجات لا يشعر بها الفرد ولا يستطيع إشباعها بمفرده أما لعدم قدرته على ذلك أو لأنها غير قابلة للتجزئة.... وعادة مـا تقـوم الدولة بتـولي أمر إشباع هـذه الحاجات.

١-٣-١: معايير التمييز بين الحاجات العامة والحاجات الخاصة:

لغرض التمييز بين كون الحاجة الإنسانية عامة أو خاصـة يتم الاحتكـام إلى عـدة معـايير أهمها ما يأتي[1]:

---

(١) للمزيد من التفاصيل انظر :

- عادل فليح العلي، طـلال محمـود كداوي، اقتـصاديات المالية العـامة، الكتـاب الاول، جامـعة الموصل ١٩٨٨، ص ١٥-١٧ .

- رفعت المحجوب، " المالية العامة "، الكتاب الاول، دار النهضة العربية، القاهرة ١٩٧١، ص٣-٨.

١-٣-١-١: من يقوم بعملية الإشباع:

تكون الحاجة خاصة إذا تولى أمر إشباعها الفرد مثل الحاجة إلى الطعام والكساء والسكن والعلاج... الخ. وتكون الحاجة عامة إذا تولت الدولة أمر إشباعها باستخدام النفقات العامة. ويتميز هذا المعيار بالبساطة إلا انه لا يعتمد على طبيعة الحاجة نفسها في التمييز بل يعتمد على الجهة التي تقوم بعملية الإشباع. فحسب هذا المعيار الحاجة نفسها ممكن أن تكون عامة وخاصة في الوقت نفسه، مثال ذلك الحاجة إلى التعليم. فوجود المدارس والجامعات الحكومية يجعلها حاجة عامة واذا قامت بعملية التعليم المدارس والجامعات الاهلية يجعلنا نقول أن الحاجة إلى التعليم حاجة خاصة. وكذلك الحال في الصحة والنقل... الخ.

١-٣-١-٢: من يحس بالحاجة:

تكون الحاجة خاصة إذا ما أحس بها الفرد كالحاجة إلى الطعام والسكن والكساء والدواء، وتكون الحاجة عامة إذا ما احست بها الجماعة كالحاجة إلى الدفاع ضد الاعتداء الخارجي وحفظ الأمن في الداخل وتوفير العدالة.... الخ. ومن عيوب هذا المعيار هو أن الاحساس بالحاجة العامة يتم من مجموعة الأفراد الذين يكونون الجماعة. مثلا الحاجة إلى مكافحة التلوث أو وباء معين يتم من حاجة كل فرد لحماية نفسه ووقايتها من هذه الاخطار. وبالتالي يتكون الاحساس الجماعي بالحاجة من مجموعة أحاسيس الأفراد. وهناك حاجات تشعر بها الجماعة ولكن يقوم بإشباعها القطاع الخاص مثل التعليم والمعالجة الصحية... حيث تشعر بها الجماعة ويقوم القطاع الخاص بإشباعها في الكثير من الاحيان.

١-٣-١-٣: المعيار الاقتصادي (اكبر منفعة باقل تكلفة)

عندما يقوم الأفراد بإشباع حاجاتهم الخاصة فانهم يسعون إلى إشباع اكبر قدر ممكن من حاجتهم باقل تكلفة اقتصادية ممكنة. وهذا سلوك اقتصادي صحيح على مستوى الأفراد يؤدي إلى تعظيم المنافع والاستغلال الامثل للموارد. أما الدولة عندما تقوم بإشباع الحاجات العامة فإنها لا تجري موازنة بين المنافع والتكاليف الاقتصادية فقط بل تجري موازنة بين المنافع والتكاليف الاجتماعية والتي هي اوسع من الموازنة المالية والاقتصادية. حيث أن الكثير من المنافع التي يحققها الانفاق العام تكون غير قابلة للتقييم بالنقود.

١-٣-٢: دقة الفروق بين الحاجات العامة والحاجات الخاصة:ـ

من استعراض المعايير السابقة لم نجد معيارا سالما من العيوب وهذا يؤكد أن هناك صعوبة حقيقية في اختيار معيار يصلح للتميز الدقيق بين النوعين من الحاجات. واذا ما استثنينا بعض الحاجات العامة التي ارتبطت بنشوء الدولة كالدفاع والأمن والقضاء فان الحاجات الأخرى لا توجد بينها فروق موضوعية ثابتة، بل أن هذه الحدود هلامية ومرنة تتحرك لصالح هذا النوع أو ذاك من الحاجات بحسب طبيعة النظام السياسي والاقتصادي السائد ودرجة تطور المجتمع. فما يكون حاجة عامة في دولة قد يكون حاجة خاصة في دولة أخرى. وما يكون حاجة خاصة في مرحلة تاريخية معينة قد يصبح حاجة عامة في مرحلة أخرى.

وان كان لابد من اعتماد معيار معين للتمييز بين الحاجات العامة والخاصة أو الركون إلى أحد المعايير أكثر من غيره. فان أغلب كتاب المالية العامة يفضلون المعيار الاول أي من يقوم بعملية الإشباع. فتكون كل الحاجات التي تقوم الدولة بإشباعها حاجات عامة وما عداها تكون حاجات خاصة. يتميز هذا

المعيار بسهولته وبساطته من ناحية. ومن ناحية أخرى نجده يربط الحاجات العامة بنشاط الدولة المالي من الإيرادات والنفقات العامة التي تستخدم لإشباعها.

١-٣-٣: الخدمات العامة القابلة للتجزئة وغير القابلة للتجزئة:

لا تكون الخدمات العامة التي تقدمها الدولة على طبيعة واحدة. بل تقسم هذه الخدمات حسب قابليتها للانقسام. فهناك خدمات عامة تقدمها الدولة تكون غير قابلة للتجزئة أي التقسيم إلى وحدات صغيرة توزع على الأفراد حسب رغباتهم بل يجب أن تقدم للجميع ولا يستطيع أحد الأفراد رفض هذه الخدمة. مثال ذلك خدمات الأمن والدفاع والقضاء وبعض المشاريع العامة, هذه الخدمات يجب أن تقدم للجميع ولا يصلح نظام الثمن لتحديد أسعارها لكل فرد لذلك تتبع الدولة نظام فرض الضرائب لتغطية النفقات اللازمة لتقديم هذه الخدمات. أما النوع الثاني من الخدمات العامة فهي الخدمات القابلة للتجزئة. أي يمكن قبولها ورفضها من قبل المواطن، وبالتالي يمكن قياس مدى انتفاع الشخص منها ومن ثم تحديد ثمن هذا الانتفاع. هذا الثمن يسمى الرسم، وعادة تستخدمه الدولة بالاساس لتغطية نفقات الخدمات غير القابلة للتجزئة. مثال ذلك خدمات تصديق الوثائق والعقود ورسوم التقاضي في المحاكم ورسوم تسجيل الأموال العقارية والسيارات... الخ. وبعض هذه الخدمات يمكن أن يترك أمر تقديمها للقطاع الخاص كالنقل والمواصلات والتعليم والصحة. إلا انه قد ترى الدولة أن بعض هذه الخدمات من الضرورة والاهمية بمكان بحيث تستلزم المصلحة العامة رفع هذه الخدمات إلى مستوى الخدمات غير القابلة للتجزئة. ومثال ذلك الزامية التعليم ومجانيته والتأمين الصحي... الخ[1].

---

(١) عبد الحميد محمد القاضي، "مبادئ المالية العامة"، دار الجامعات المصرية، ١٩٧٥، ص٤-٥.

المبحث الرابع

١-٤: مراحل تطور المالية العامة

المالية العامة تعكس تطور دور الدولة الاقتصادي والاجتماعي وهـذا الـدور يعتمـد عـلى الفلسفة التي تحكمها. وتبعا لذلك فقد مرت المالية العامة بمرحلتين هما:

١-٤-١: المرحلة الأولى: المالية التقليدية (الحيادية):

كانت المالية العامة في هذه المرحلة انعكاسا للفكر الاقتصادي الكلاسيكي. اذ كانـت مهـام الدولة محصورة في تقديم الخدمـات العـامة الأساسية مثل الـدفـاع والأمـن والقضـاء فضـلا عـن بعض الخدمات العامة الأخرى التي لا يقدمها القطاع الخاص بسبب محدوديـة ارباحهـا أو أنهـا تحتاج إلى مدة زمنية طويلة لكي تعطي عائدا، أو بسبب رغبة الدولة في تقـديم خـدمات معينـة تعتقد أنها أساسـية للمجتمـع مثـل التعلـيم. أو رغبـة الدولـة في منـع الاحتكـار في سـوق بعـض الخدمات من قبـل القطاع الخاص. ومن اهم الافكار التي كانت سائدة ما يأتي[1]:

١-٤-١-١: سيادة مبدأ الحرية الاقتصادية ـــ دعه يعمل دعه يمر ـــ

وهذا يتطلب أن يكون تدخل الدولة باقل قدر ممكن لان زيادة تدخلها في الاقتصاد عـن القدر الـلازم لتسهيل سير النشـاط الاقتصـادي، ويـؤدي إلى الحـد مـن مبـدأ الحريـة الاقتصـادية وبالتالي يعد تدخلا له آثار سلبية في عمل النظام الطبيعي.

(١) عادل فليح العلي، طلال محمود كداوي، مصدر سابق، ص٤٤-٥٣.

١-٤-١-٢: يجب أن تكون النفقات العامة باقل قدر ممكن

لان استغلال القطاع الخاص للثروة القومية أكثر كفاءة من استغلالها من قبل القطاع العام. وعليه يجب أن تكون الإيرادات بالقدر اللازم لتغطية النفقات العامة فقط.

١-٤-١-٣: يجب أن تكون الموازنة العامة متوازنة أي يجب أن تكون الإيرادات مساوية للنفقات

أي ليس هناك عجز أو فائض في الموازنة. وعليه لا تستطيع الدولة استغلال عجز أو فائض الموازنة وسيلة من وسائل السياسة المالية لتحقيق بعض الأهداف الاقتصادية والاجتماعية.

١-٤-١-٤: يترتب على توازن الموازنة العامة أن يكون تأثيرها حياديا على الاقتصاد

لأنها تأخذ الإيرادات من الاقتصاد في يد ثم تقوم بانفاقها باليد الأخرى وفي الوقت نفسه تقريبا. ولا تحاول الدولة أن تستخدم المالية العامة للتدخل والتأثير في الجانب الاقتصادي والاجتماعي. لان هذا يعد تدخلا غير مرغوب فيه ويؤثر سلبيا على النظام الطبيعي الذي يعني ترك الامور تسير بمفردها، وان حدث اختلال في جانب معين فانه يصحح تلقائيا. إذ أن تدخل الدولة يؤثر على كفاءة عمل النظام الطبيعي. إلا انه مسموح لها التدخل بالقدر الضروري الذي لا بد منه.

١-٤-١-٥: يجب أن تكون الموازنة العامة (الإيرادات والنفقات) باقل قدر ممكن

لان نشاط الدولة نشاط استهلاكي. وعليه يجب أن لا تتوسع الدولة في الانفاق العام لان ذلك يقتطع من ادخارات القطاع الخاص التي لو تركت بيده سوف تأخذ طريقها للاستثمار ممـا يؤدي في زيادة الإنتاج والدخل القومي.

١-٤-١-٦: يفضل تدبير الإيرادات العامة عن طريق الضرائب غير المباشرة (الضرائب على الاستهلاك) وليس عن طريق الضرائب المباشرة (الضرائب على الدخل ورأس المال)

لان هذه الاخيرة تؤثر سلبيا على الادخار والذي يؤثر بدوره سلبيا على الاستثمار والإنتاج والنمو الاقتصادي.

١-٤-٢: المرحلة الثانية: المالية العامة الحديثة (المتدخلة):

بدأت هذه المرحلة على اثر انهيار كثير من مسلمات الفكر الاقتصادي الكلاسيكي بعـد أزمة الكساد العظيم التي اجتاحت الاقتصادات الرأسمالية المتقدمـة عـام ١٩٢٩. وتحديدا بـدأت بعد نشر الاقتصادي الانكليزي جون مينارد كينز كتابه (النظريـة العامـة في الاستخدام والفائـدة والنقود) عام ١٩٣٦. لقد أثبتت الاحداث انهيار كثير من مسلمات النظرية الاقتصادية الكلاسيكية واهمها عدم عودة الاقتصاد القومي إلى حالة الاستخدام التـام بعـد تعرضـه لأزمـة البطالـة واستمرار النقص في الاستخدام (البطالة). مما اوجب تدخل الدولة لمعالجة هـذا الوضـع. ومـع عجز السياسات النقدية والائتمانية برز دور السياسة المالية. لقد دعا كينز إلى التخلي عن الكثير من الافكار المالية التقليدية ومنها عدم الالتزام

بمبدأ توازن الموازنة. فعلى الدولة في اوقات الكساد أن تزيد من نفقاتها وتقلل من إيراداتها (الضرائب) لتعوض النقص الحاصل في الطلب الكلي الفعال.ويتم ذلك من خلال تنفيذ سياسة الاشغال العامة وتمويلها من خلال الإصدار النقدي الجديد. والغرض من ذلك هو زيادة القوة الشرائية التي ترفع الطلب الكلي مما يمكن من تشغيل عوامل الإنتاج العاطلة. وفي فترات التضخم على الدولة أن تزيد من إيراداتها وتقلل من نفقاتها لكي تقلل من الطلب الكلي وبذلك تسهم في خفض الأسعار. بهذه الافكار أخرج كينز دور المالية العامة من الحياد إلى التدخل وأصبحت تدعى بالمالية المتدخلة أو المعوضة حيث أصبح للدولة ومن خلال السياسة المالية دور كبير في معالجة الازمات الاقتصادية والمحافظة على الاستقرار الاقتصادي وتوفير الاجواء الملائمة للنمو الاقتصادي[١].

١-٤-٣: مبررات تدخل الحكومة في الاقتصاد:

أن الوضع المثالي لاقتصاد السوق هو ذلك الوضع الذي يتم من خلاله إنتاج وتبادل جميع السلع والخدمات مقابل النقود وبمحض ارادة البائع والمشتري وطبقا للأسعار السائدة. ويسمح هذا الوضع بالحصول على اكبر قدر من المنافع من استخدام الموارد المتاحة من غير الحاجة إلى التدخل الحكومي. أما على أرض الواقع فلا وجود لليد الخفية التي تدير الحياة الاقتصادية بسلاسة وانتظام. فهناك الكثير من اوجه القصور والفشل في أداء الأسواق الحرة لذلك يجب على الحكومة التدخل لتصحيح ومعالجة الاخفاقات التي تعجز آلية السوق عن حلها.

(١) طاهر الجنابي، دراسات في المالية العامة، مصدر سابق، ص٤١ .

١-٤-٣-١: المهام الأساسية للحكومة في الاقتصاد المعاصر:

تقوم الحكومة في ظل اقتصاد السوق بالمهام الآتية[١]:

أولا: زيادة الكفاءة الاقتصادية لزيادة السعة الإنتاجية للاقتصاد القومي.

ثانيا: تحقيق العدالة الاجتماعية.

ثالثا: تحقيق النمو والاستقرار الاقتصادي.

رابعا: تحديد حقوق الملكية الخاصة وحمايتها.

خامسا: إنتاج بعض السلع والخدمات بشكل مباشر كخدمات التعليم والبريد.

سادسا: إنتاج وتوزيع السلع العامة الضرورية للمجتمع.

أن قيام الحكومة بهذا الدور الاقتصادي الكبير يستلزم القيام بعملية تخصيص للموارد الاقتصادية النادرة بين القطاع الخاص والقطاع العام. أن تعاظم دور القطاع العام يعد بديلا مقبولا لحل المشكلة الاقتصادية في بعض القطاعات الاقتصادية. أو هو رد مقبول على فشل السوق في حل المشكلة الاقتصادية في هذه القطاعات.

١-٤-٣-٢: الكفاءة الاقتصادية المثلى:

للحكم على أداء السوق أو أداء القطاع العام لا بد من اعتماد معيارا مقبولا وهذا المعيار هو الكفاءة الاقتصادية والتي تعني الحصول على اكبر قدر من

(١) جيمس جوارتيني و ريتشارد استروب، الاقتصاد الكلي الاختيار العام والخاص، ترجمة عبد الفتاح عبد الرحمن و عبد العظيم محمد، دار المريخ، الرياض، ١٩٨٨ .

المنافع باستخدام الموارد المتاحة وباقل قدر من التكاليف. ولتحقيق الكفاءة الاقتصادية لابد من توفر شرطين أساسيين هما:

١. أن يحقق النشاط الاقتصادي قدرا من المنافع يفوق التكاليف بالنسبة الأفراد المجتمع. أي يزيد من رفاهية بعض الأفراد من غير أن يخفض من رفاهية البعض الاخر على الأقل.

٢. أن لا ينفذ أي نشاط اقتصادي إذا كانت التكاليف المترتبة عليه تفوق المنافع المتحققة منه. لأنه سوف يخلق ضررا لبعض الأفراد يفوق المنافع التي يحصل عليها أفراد آخرون أي أن الأثر الصافي من النشاط يكون سلبيا.

١-٤-٣-٣: أسباب فشل آلية السوق في تحقيق الكفاءة الاقتصادية[1]:

أن أسباب فشل آلية السوق (اليد الخفية) في تحقيق الكفاءة الاقتصادية هي عينها الأسباب التي تدعو الحكومة إلى التدخل في الاقتصاد. وهذه الأسباب هي:

أولا: غياب المنافسة التامة

أن سيادة المنافسة التامة في السوق أمر ضروري لجعل جهاز الأسعار يعمل على النحو الذي يحقق الكفاءة الاقتصادية. حيث ينتج الاقتصاد عند منحنى إمكانيات الإنتاج. أما بغياب المنافسة التامة فان الاقتصاد ينتج داخل منحى إمكانيات الإنتاج.

أن المنافسة التامة في أسواق السلع والخدمات تجعل أسعار السلع والخدمات مساوية لتكاليف إنتاجها. أما في أسواق عناصر الإنتاج فتجعل أسعارها مساوية لإيرادها الحدي. أي أن المنافسة تمنع مالكي عناصر الإنتاج من

(١) جيمس جوارتيني، ريتشارد استروب، مصدر سابق، ص ١١٦ – ١٢١ .

بيعها للمنتجين بأسعار أعلى من سعر التوازن. وتمنع المنتجين من الحصول عليها بأقل من هذا السعر. وبشكل عام فان وجود المنافسة يمنع كل طرف من تسخير السوق لتحقيق مصالحه على حساب مصالح الآخرين. أو بمعنى آخر أن كل الأطراف المشتركة في السوق تحقق مصالحها. لذلك فهذا الوضع هو الوضع المثالي. ولكن قد يسعى المنتجون إلى الاستحواذ على أكثر من استحقاقهم وذلك عن طريق خرق المنافسة التامة وإحلال التواطؤ محلها. حيث يتواطئون على إنتاج كمية اقل مما يؤدي إلى رفع أسعار السلع المنتجة. وفي ذلك تضحية بمبدأ الكفاءة وكما يوضح الشكل الآتي:

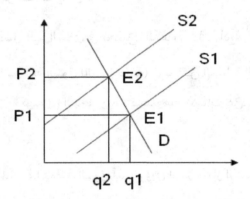

يمثل S1 منحني العرض في حالة سيادة سوق المنافسة التامة. D يمثل منحني الطلب. حيث يكون التوازن عند E1 و (q1, p1) هما سعر وكمية التوازن وهذا يمثل حالة الكفاءة. أما في حالة التواطؤ فيقلل المنتجون المعروض من السلعة وينتقل منحني العرض إلى S2 حيث يكون التوازن الجديد عند E2 ومعه يرتفع السعر إلى P2 وتقل الكمية المعروضة إلى q2. وهذا الوضع منافي لمبدأ الكفاءة حيث كان بالإمكان إنتاج كمية اكبر من السلعة وبسعر اقل.

أن انعدام المنافسة التامة يعد من أخطر مظاهر انحراف الأسواق عـن تحقيـق الكفـاءة مما يستلزم تدخل الدولة في الاقتصاد لتقويم هذا الانحراف ويكون ذلك مـن خـلال عـدة طـرق مثل تحديد الأسعار أو سن القوانين التي تمنع الاحتكار أو تحرير التجارة...

ثانيا: وجود الآثار الخارجية

تكمن فعالية نظام السـوق في قدرته على تحقيق التناسق والتوافق بين الرفاهية الخاصـة والعامة. فالأفراد ينتجون ويتبادلون السلع والخدمات لانهم يحققون منافع مـشـتركة. وعـنـدما لا يـتأثر بالنشاط الاقتصادي سـوى المشاركين فيه عن قصد وباختيارهم فانه سوف تستقصى تعظيم الرفاهية الاجتماعية. وان الأسواق التنافسية سوف تحقق الكفـاءة الاقتصادية مـا دامـت كل الموارد والسلع تستخدم فقط بموافقة أصحابها. ويجب أن يتحمل كـل صـاحب قـرار تكلفـة الفرصة البديلة لأي استخدام للموارد النادرة التي يملكها.

أما عندما يؤثر الإنتاج والتبادل على رفاهية الأطراف الثانوية مـن غـير موافقتها فتنشأ الآثار الخارجية. وتكون على نوعين آثار خارجية ايجابية إذا حققت منافع للاطراف الثانويـة أو آثارا خارجية سلبية إذا حققت تكاليف اضافية للاطراف الثانوية.

أن وجود الآثار الخارجية يؤدي إلى تغييـر قسري لكل مـن الأرباح والتكاليف. فبعض التعاملات تتم وفق معيار السوق مثل شراء كيلوغرام لحم أو دواء أو خدمة طبية. فالبائع والمشتـري يستنفـذون ويتـحـمـلون المنافع والتكاليف كامـلة. وهناك تعاملات أخرى لا تتم بهذا الشكل. بل تتم بحصول البعض على منافع من غير تكاليف مثل قيام منشأة بإنتاج سلعة وتقوم بتلويث

الهواء والماء والبيئة بشكل عام من غير أن تتحمل تكاليف هذا التلوث. وفي الوقت نفسه يتحمل آخرون اضرارا أو تكاليف من غير أن يحصلوا على أية منافع وهم جيران هذه المنشأة الملوثة للبيئة. وعليه تكون الآثار الخارجية على نوعين هما:

١. الآثار الخارجية الايجابية:

تنشأ الآثار الخارجية الايجابية من نشاط اقتصادي ما عندما تستحوذ أطراف ثانوية على مكاسب وهي غير مشاركة عن قصد وبإرادتها ولا تتحمل أية تكاليف في هذا النشاط. وفي هذه الحالة فان القائمين بالنشاط الاقتصادي المعني سوف يقدرون النفع الاجتماعي الكلي (الخاص والثانوي) باقل من مستواه الفعلي. وعندها قد لا يمارس النشاط بمستوى أو حجم بحيث يمكن أن يولد منافع اجتماعية اكبر مما هي عليه. وذلك بسبب عدم قدرة المنتج على الاستحواذ على كل المكاسب الناجمة عن ممارسته للنشاط الاقتصادي أو بمعنى آخر أن الآثار الخارجية الايجابية تنشأ عندما تكون حقوق الملكية غير محددة والتي ينجم عنها عدم إمكانية حصر المكاسب على الأطراف المتعاملة الأصلية دون الأطراف الثانوية أو تكون عملية الحصر ذات كلفة عالية جدا.

مثال ذلك من يرسم منظرا طبيعيا جميلا على واجهة بيته سوف يتمتع به ويتحمل تكاليفه ولا يستطيع حجب الآخرين من التمتع بهذا المنظر ولا يستطيع أن يحملهم جزء من التكاليف. أن تمتع المارة بهذا المنظر يعد آثارا أو منافعا خارجية ايجابية. ومثال آخر نجد أن للتعليم الأساسي منافع خارجية تتمثل في زيادة وعي عامة الناس وانخفاض معدل الجريمة وغير ذلك. إلا أن منحنى طلب السوق على خدمة التعليم لا يعكس المنافع الاجتماعية الكلية لأنه يعبر عن المنافع الخاصة للتعليم فقط.

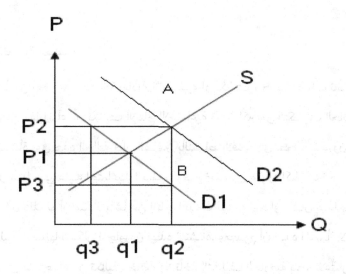

المنحنى D1 يمثل طلب السوق على خدمة التعليم والذي يعكس المنافع الخاصة فقط. وعندها يكون السعر P1 والكمية المطلوبة q1. وعند اخذ المنافع الخارجية الايجابية بنظر الاعتبار فان منحنى الطلب الاجتماعي على خدمة التعليم سيكون D2 ويكون السعر P2. ولكن عند هذا السعر يطلب الأفراد كمية q3 فقط ولا يطلبون الكمية q2 إلا عندما يكون السعر p3 فقط، لذلك على الحكومة أن تتدخل وتقدم إعانة للمنتجين مقدارها AB ليتمكن المنتجون من عرض الكمية q2 وتباع بالسعر P3 لكل وحدة تعليم.

نخلص مما سبق بان وجود الآثار الخارجية الايجابية يؤدي إلى عدم الكفاءة ويتمثل ذلك في تخصيص السوق لقدر اقل من الموارد لإنتاج السلع ذات الآثار الخارجية الايجابية وهذا الأمر يستدعي تدخل الحكومة في الاقتصاد لتلافي هذا القصور في أداء السوق.

٢. الآثار الخارجية السلبية:

ينشأ عن بعض الأنشطة الاقتصادية آثار سلبية أو تكاليف تتحملها أطراف ثانوية رغما
عنهم ومن غير مقابل. أي أن تكاليف الإنتاج الاجتماعية تكون اكبر من التكاليف الخاصة التي
تتحملها المنشأة. وفي هذه الحالة فان القائمين بالنشاط الاقتصادي سوف يقدرون تكاليف
الإنتاج بأقل مما هي عليه اجتماعيا. لذلك سوف يخصصون موارد أكثر مما هو مطلوب
اجتماعيا. مثال ذلك لو أن منشأة ينشأ عن إنتاجها تلوث للبيئة المجاورة فان هذا يمثل آثارا
خارجية سلبية يتحملها السكان المجاورون لهذه المنشأة. ومعلوم أن هذه المنشأة لا تأخذ في
الحسبان سوى ما تتحمله من تكاليف خاصة ولا تأخذ التكاليف الخارجية بنظر الاعتبار.

وفي الشكل البياني الآتي سيكون التوازن عند e1 وP1 وq1 يمثلان سعر وكمية التوازن
وستكون التكاليف عبارة عن المستطيل Op1e1q1. أما لو اخذت المنشأة التكاليف الخارجية
بنظر الاعتبار فان تكلفتها الحدية سوف ترتفع إلى p2 ويكون منحنى العرض هو S2 والكمية
المعروضة أو المنتجة هي q2. وهي اقل من q1 والسعر P2 أعلى من P1.

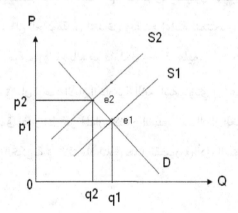

نلاحظ مما سبق أن وجود التكاليف الخارجية السلبية يـؤدي إلى نقـص في الكفـاءة الاقتصادية ويتمثل ذلك فـي تخصيص موارد لإنتاج كمية من السلعة أكـثر مـما هـو مطلوب اجتماعيا.

ثالثا: السلع العامة

السلع العامة هي السلع (الخدمات) التي لا بد أن تستهلك بشكل مشترك وهـذه السلـع لا يتم الحصول عليها من خلال السوق بسبب عدم وجود وسيلة لاستبعاد غـير القادرين أو غير الراغبين في دفع ثمنها. وذلك بسبب طبيعة السـلعة ذاتها. فالأمن والدفـاع والعدالة ومكـافحة التلـوث والأوبئة أمثلة واضحة على السـلع العامة. وبشكل عـام هنـاك سمتان تميـزان السلـع العامة هما:

١. أن إمكانية حصول الفرد على سلعة عامة يجعلها متاحة بالدرجة نفسها للآخرين، ولذلك لا بد أن تستهلك بشكل جماعي.

٢. بسبب الميزة الأولى لا يمكن استبعاد من لا يدفعون ثمنا مقابل استهلاكهم للسلع العامة.

أن اثر السلع العامة على جهاز السوق يعود إلى أن هنـاك علاقـة مباشرة بـين الاستهلاك والقدرة على دفع الثمن في ظل الوضع النموذجي للسوق, فمن لا يستطيع أو لا يرغـب في دفع ثمن السلعة أو الخدمة فسوف يحرم من استهلاكها. فدفـع ثمـن السـلعة يـوفر للمنتجين حافزا لاستمرار إنتاج السلعة الخاصة. أما السلع العامة فلو وفرت سـلعة عامـة لإشباع حاجـة شخص واحد فإنها ستكون متاحة للآخرين بالقدر نفسه من الإشباع. وبما انه لا يمكن استبعاد هؤلاء من استهلاك السلعة العامة فسوف ينتفي الدافع لديهم لإعطاء تقويم صحيح للسلعة

العامة. فكم يدفع مقابل خدمة الأمن أو مكافحة التلوث... من قبل شخص يستطيع التمتع بها بدون مقابل. لذلك لو كان الدفع مقابل الحصول على سلع عامة اختياريا فسوف يمتنع أغلب الناس عن الدفع. ومن ثم سوف تخصص موارد اقل لإنتاج السلع العامة. وبالتالي لا تنتج هذه السلع بشكل كفوء لهذه الأسباب على الحكومة أن تتدخل في هذا الجانب وتقوم بتحصيل الضرائب من المكلفين وحسب قواعد محددة لتمويل إنتاج السلع العامة بشكل كفء، وبذلك تعالج الخلل الحاصل في المجتمع من جراء فشل السوق في إنتاج السلع العامة. وفي حالة عدم تدخلها أو الركون إلى السوق في توفير هذه السلع فسوف يسعى كل فرد للحصول عليها مجانا ومن ثم سوف لن يتم تمويل إنتاج هذه السلع وحرمان كل أفراد المجتمع منها نهائيا.

رابعا: عدم الاستقرار الاقتصادي

أن من متطلبات عمل السوق بكفاءة وجود الاستقرار ووجود نظام نقدي مستقر يتم التبادل من خلاله. حيث أن الكثير من عمليات التبادل في السوق تتضمن بعدا زمنيا. إذ يتم دفع أثمان الصفقات التجارية بعد مدة من الزمن. ولكي تتم هذه العملية بدون مشاكل أو خسائر كبيرة يجب أن تكون القوة الشرائية لوحدة النقد مستقرة نسبيا. أما إذا كانت متذبذبة فان الكثير من المتعاملين سوف يمتنعون عن إبرام الصفقات طويلة الأجل. وفي ذلك تضيع لفرص كثيرة من الرفاهية والكفاءة.

لهذه الأسباب على الحكومة أن تتدخل عبر سياستها النقدية والمالية للحفاظ على الاستقرار الاقتصادي واتخاذ الإجراءات المناسبة لمعالجة التضخم والكساد والبطالة والتي قد تصيب الاقتصاد من حين لآخر.

خامسا: نقص المعلومات

مـن شـروط تحقـق الكفـاءة فـي عـمل السـوق هـو تـوفر المعلومـات الصـحيحة والدقيقة عن مواصفات السـلع المعروضة وخصائصها بحيـث يتمكن المسـتهلكون مـن اتخاذ قرارات لا يندمون عليها بعد حين. أن من مصلحة المنتج تقديم معلومات صحيحة ودقيقة عـن سلعة إذا كانت مبيعاته في المستقبل تعتمد على عودة هذا المستهلك لشراء السلعة نفسها. وهنا يحصل توافق بين مصلحة المنتج ومصلحة المستهلك. ولا داعي لتدخل الحكومـة لان السـوق يعمل بكفاءة.

أما عدم كفاءة السوق فتظهر عند تعارض المصالح وعدم كفاية المعلومات وعدم رضا المستهلك. وتحصل عـدم الكفـاءة نتيجة لنقص المعلومات في حالتين هما:

١. يصعب تقـدير قيمـة السـلع عند الفحص الأولى وينـدر تكـرار شرائها مـن نفـس المنتـج مستقبلا.

٢. حالة توليد السلعة لآثار جانبية سلبية لا يستطيع أن يلاحظها الشخص العادي مثل الآثار طـويلة الامـد. وقد يلجأ المنتجون إلى خفض التكاليف وجني ارباح اكبر من خلال إنتاج سلعة رديئة أو اقل جودة. مثال ذلك أن أغلب المواطنين لا يتمكنون من فحص معدات السلامة في السيارات الجديدة أو معرفة الأضرار الجانبية لبعض الأدوية... لذلك قد تقل الكفاءة في عمل السوق. مما يستوجب تدخل الحكومة في وضع المواصفات القياسية للسلع المنتجة وإلزام المنتجين بالالتزام بها وتثبيت كل خصائص ومواصفات السلع المنتجة لكي يتمكن المستهلك من اتخاذ القرار الصحيح والمناسب له ولا يندم عليه بعد حين.

المبحث الخامس

١- ٥: علاقة علم المالية العامة بالعلوم الأخرى

يرتبط علم المالية بعلاقات وثيقة مع عدد كبير من العلوم ومن أهم هذه العلاقات ما يأتي:

١-٥-١: علاقة علم المالية العامة بعلم الاقتصاد:

يهتم علم الاقتصاد بإشباع الحاجات الإنسانية عموما. في حين يهتم علم المالية العامة بإشباع الحاجات العامة فقط.ومن هنا تكون العلاقة علاقة الجزء بالكل. وعناصر المالية العامة هي الإيرادات والنفقات وهي لا تعدو أن تكون كميات اقتصادية تقتطع وتضخ في الاقتصاد القومي. لذلك يحتاج الباحث في المالية العامة إلى استخدام أدوات التحليل الاقتصادي لمعرفة آثار حركة هذه الكميات على المتغيرات الاقتصادية مثل الدخل القومي ومستوى الاستخدام ومعدل النمو الاقتصادي.

والسياسة المالية هي جزء أساسي من السياسة الاقتصادية حيث يجب أن يكون هناك انسجام وتنسيق تام بينهما لتحقيق الأهداف المطلوب تحقيقها. وعلى أساس هذه العلاقة الوثيقة ينبغي للباحث العامل في مجال المالية العامة أن يلم بالدراسات الاقتصادية على المستوى الجزئي والكلي.لكي يستطيع أن يتخذ الإجراءات المالية المناسبة من غير إحداث آثار غير مرغوب فيها.

١-٥-٢: علاقة المالية العامة بالسياسة:

العلاقة بين المالية العامة والسياسة علاقة تأثير وتأثر متبادلة. فكما يتأثر النظام المالي ويعكس وجهات النظام السياسي. فهو يعد أداة مهمة من الأدوات

المستخدمة لتحقيق أهداف هذا النظام[١]. وللنظام السياسي تأثير مباشر على النظام المالي للدولة فنسبة الإيرادات والنفقات العامة إلى الدخل القومي تعتمد على طبيعة النظام السياسي القائم سواء كان رأسماليا أو اشتراكيا أو دكتاتوريا أو ديمقراطيا أو ذات نظام إداري مركزي أو لا مركزي. وتعد الموازنة العامة للدولة ترجمة حقيقية لتوجهات النظام السياسي أو بمعنى آخر أن الموازنة العامة للدولة هي الأهداف السياسية للدولة معبرا عنها بالارقام[٢].

أن للمالية العامة تأثيرا كبيرا على استقرار الانظمة السياسية وتبدلها.ويبدو ذلك واضحا من خلال استقراء لحقيقة تاريخية تقول أن أكثر الاصلاحات والثورات السياسية تحدث لأسباب مالية. مثال ذلك الثورة الانكليزية التي اشتعلت شرارتها عندما فرض الملك ضريبة على السفن من غير موافقة البرلمان مما ادى إلى قيام حرب أهلية انتهت بانتصار البرلمان وقتل الملك. واصدار البرلمان إعلانا يؤكد فيه عدم شرعية أي ضريبة لا يوافق عليها البرلمان. وكذلك الحال للثورة الأمريكية التي أشعل فتيلها نزاع مالي حول حق فرض الضرائب بين انكلترا والولايات الأمريكية نتج عنها قيام دولة الولايات المتحدة الأمريكية[٣].

(١) السيد عبد المولى،دار الفكر العربي،القاهرة١٩٧٥،ص٤٥

(٢) عادل أحمد حشيش ,أصول الفن المالي في الاقتصاد العام، دار النهضة العربية، بيروت ١٩٧٤، ص١٠٠ .

(٣) محمد عبد الله العربي ,علم المالية العامة و التشريع المالي ,الكتاب الاول ,نفقات الدولة القاهره١٩٤٨, ص١٣ ـ١٥ .

١-٥- ٣: علاقة المالية العامة بالقانون:

القانون هو الاداة التنظيمية التي يلجأ إليها المشرع لوضع القواعد الملزمة في مختلف الميادين ومنها الميدان المالي. فعن طريق القانون تتحول الجوانب النظرية في المالية العامة كالنفقات والضرائب إلى قواعد قانونية قابلة للتطبيق ويطلق عليها التشريع المالي. والذي هو مجموع القوانين والاحكام التي تطبقها الدولة في إدارة شؤونها المالية.

والقانون الدستوري يتضمن نصوصا مالية تحدد صلاحيات السلطات التشريعية والتنفيذية في مجال إعداد الموازنة وتصديقها وتنفيذها, وكذلك في مجال فرض الضرائب وعقد القروض... الخ.

والتشريع الضريبي يتضمن القوانين التي تنظم الضرائب من حيث انواعها وأسعارها والاعفاءات وكيفية ومواعيد الجباية والمادة الخاضعة للضريبة والعقوبات التي تطول من يمتنع عن دفع الضرائب[١].

١-٥-٤: علاقة المالية العامة بالمحاسبة:

يتطلب البحث في المالية العامة الالمام بعلم المحاسبة من حيث كيفية حساب الاندثار وتنظيم الحسابات الختامية والميزانية العمومية للمنشآت التجارية. كما أن إعداد الموازنة العامة للدولة يتطلب استخدام قواعد وأصول علم المحاسبة[٢].

---

(١) عادل فليح العلي، طلال محمود كداوي، مصدر سابق، ص٢٧ .

(٢) هنيس أحمد عبد الملك، اقتصاديات المالية العامة، ط٣, دار المعارف، مصر، ١٩٦٦، ص٢٠ .

١-٥-٥: علاقة المالية العامة بالاحصاء :

تستعين المالية العامة بعلم الاحصاء في دراسة موضوعات كثيرة كالدخل القومي وتوزيع الدخل والثروة بين أفراد وفئات المجتمع, وعدد السكان وتوزيعهم الجغرافي والمهني، وحالة ميزان المدفوعات... هذه الموضوعات مهمة جدا للمالية العامة لأنها تعد الاساس الذي يعتمد عليه في تحديد الأهداف ورسم السياسة المالية الموصلة اليها[1].

١-٥-٦: علاقة المالية العامة بعلم الاجتماع:

تظهر هذه العلاقة من الآثار الاجتماعية التي تحدثها كل من النفقات والإيرادات العامة. ففي مجال الإيرادات نجد أن الدولة تستخدم الضرائب مثلا لتحقيق أهداف اجتماعية منها تقليل التفاوت في الثروة والدخل وكذالك تستخدم الضرائب الكمركية لحماية الإنتاج الوطني من المنافسة الاجنبية وهذا يؤدي إلى زيادة الإنتاج والاستخدام وتوفر فرص عمل للمواطنين. أما في جانب النفقات فان الدولة تستخدمها للمحا فظة على التوازن الاقتصادي والاجتماعي عن طريق تقديم الخدمات الأساسية مجانا أو بأسعار مدعومة وكذالك تقديم المساعدات العينية والنقدية للفقراء، ومنح مساعدات لاغراض الزواج وأخرى لتشجيع الانجاب... وبشكل عام يستخدم جانبا الموازنة - الإيرادات والنفقات - في تحقيق أهداف اجتماعية يرغب النظام السياسي في تحقيقها.

(١) عبد المنعم فوزي، مذكرات في المالية العامة، ط١، مؤسسة المطبوعات الحديثة، الاسكندرية، ١٩٦١، ص١٢ .

الفصل الثاني
النفقات العامة

الفصل الثاني

النفقات العامة

يتناول هذا الفصل المباحث الآتية:

٢-١: المبحث الاول: تعريف النفقة العامة وعناصرها.

٢-٢: المبحث الثاني: قواعد الانفاق العام.

٢-٣: المبحث الثالث: تقسيمات النفقات العامة.

٢-٤: المبحث الرابع: أشكال النفقات العامة.

٢-٥: المبحث الخامس: حجم النفقات العامة.

٢-٦: المبحث السادس: الآثار الاقتصادية للنفقات العامة.

المبحث الاول

٢-١: تعريف النفقة العامة وعناصرها

تعرف النفقة العامة بانها (مبلغ من النقود تنفقه الدولة لغرض تحقيق نفع عام)[١].

من هذا التعريف نجد أن النفقة العامة تتكون من ثلاثة عناصر أساسية هي[٢]:

٢-١-١: النفقة العامة مبلغ من النقود:

يجب أن تكون النفقة العامة مبلغا من النقود. فمع شيوع الاقتصاد النـقدي والتخـلي عن نـظام المـقايضة. وأصبحت الدولـة تنفق مبـالغ نقديـة للحصول عـلى السـلع والخـدمات اللازمة لإشباع الحاجات العامة. ومن مزايا جعل الانفاق العام نقديا ما يأتي:

٢-١-١-١: أن التعامـل النقـدي أسـهل بكثـير مـن التعامـل العيـني لأفـراد وللدولـة مقارنـة بالصعوبات التي تنشأ عن نظام المقايضة البدائي.

٢-١-١-٢: سهولة إجراء الرقابة الإدارية والبرلمانية على الانفاق النقدي للدولة وصعوبة ذلك في حالة الانفاق العيني.

٢-١-١-٣: الانفاق النقدي يتيح فرصه أكبر للمسـاواة بـين الأفـراد في الاسـتفادة مـن النفقـات العامة وفي تحمل الاعباء العامة التي تفرضها الدولة. وعليه فإن

---

(١) طاهر الجنابي ، مصدر سابق ، ص٥٧-٦٠.

(٢) عادل فليح العلي،طلال محمود كداوي، مصدر سابق، ص٩٠.

الوسائل غير النقدية التي تستخدمها الدولة لا يمكن عدها انفاقا عاما مثل تقديم سكن مجاني للموظف, أو اعفاء من الضرائب, أو منح الانواط والاوسمة... الخ.

٢-١-٢: النفقة العامة يقوم بها شخص عام:

لكي تكون النفقة عامة يجب أن تنفذها الدولة أو احد هيئاتها العامة. فاذا قام شخص ببناء مدرسة أو مسجد. لغرض تحقيق نفع عام فان هذا الانفاق يعد انفاق خاصا ولا يعد من قبيل الانفاق العام. ويعد من قبيل الانفاق العام ما تنفقه الدولة لتقديم خدمات عامة مثل الدفاع الأمن والقضاء والتعليم وبناء المشاريع الاقتصادية ذات الصفة التجارية.

٢-١-٣: الغرض من الانفاق:

لكي تكون النفقة عامة يجب أن يكون الغرض من انفاقها تحقيق منفعة عامة. ومفهوم المنفعة العامة تحدده اعتبارات سياسية واجتماعية أكثر من كونها مالية أو اقتصادية. إذ أن السلطة السياسية هي التي تقرر أن هذا الانفاق يحقق منفعة عامة أو لا يحقق وعلى هذا الاساس ولضمان توجيه النفقات العامة لتحقيق النفع العام وضعت ضوابط منها:

٢-١-٣-١: اعتماد بنود النفقات العامة في الموازنة.

٢-١-٣-٢: مساءلة السلطة التنفيذية عن تنفيذ الانفاق العام جملة وتفصيلا من قبل السلطة التشريعية (الرقابة البرلمانية) ووجود الرقابة الإدارية للغرض نفسه كذلك.

٢-١-٣-٣: الرقابة من قبل هيئات مستقلة للتأكد من استخدام النفقات العامة للاغراض التي خصصت من اجلها.

المبحث الثاني

٢-٢: قواعد الانفاق العام

يجب أن يخضع الانفاق العام لقواعد تراعى عند الانفاق أهمها:

٢-٢-١: قاعدة المنفعة:

يهدف الانفاق الحكومي إلى تحقيق أقصى منفعة اجتماعية ممكنة. ويمكن القول أن مبدأ المنفعة هذا يتحقق إذا كانت المنفعة المتحققة من النفقة الحدية متساوية في كل حالة من حالات الانفاق. أي أن المنفعة التي يحصل عليها الأفراد من النفقة الحدية في مجال ما يجب أن تكون متساوية مع المنافع التي تعود عليهم فيما لو انفقت هذه النفقة في أي مجال آخر[(١)].

أن مراعاة هذه القاعدة يجعل الدولة تنظر إلى حاجة المجتمع من مختلف الخدمات والمشاريع، وتفاضل بينها على اساس ما تحققه من منفعة. ثم تقرر الانفاق على أي منها على أساس تلك المفاضلة. وهذا يعني أن الدولة تنفق لإشباع أكثر الحاجات الحاحا ثم الأقل فالأقل. وهذا يتطلب توزيع النفقات العامة توزيعا دقيقا وشاملا لوجوه الانفاق المختلفة وبمعايير تتناسب مع اهمية الحاجات التي تشبعها.

ومن المهم التأكيد على أن مفهوم المنفعة هنا لا يقتصر على الإنتاجية الحدية للنفقة والدخل العائد منها فقط. بل تتسع لتشمل كل المنافع التي تؤدي إلى زيادة الطاقة الإنتاجية للفرد والمجتمع. وتحقيق العدالة في توزيع الثروة والدخل, وحفظ الاسر من الآثار السيئة للتقلبات الاقتصادية من خلال تقديم

(١) عبد العال الصكبان، مصدر سابق، ص٧٤.

اعانات البطالة والشيخوخة... وتندرج هذه المنافع تحت اسم المنفعة الاجتماعية ولكن كيف تقاس المنفعة الاجتماعية أو الزيادة المتحققة فيها. يرى البعض أنها تكون على شكل زيادة في الدخل القومي. إلا أن هذا المقياس لا يفيدنا في تحديد المنافع العامة ذات الاغراض غير الاقتصادية مثل الانفاق على الدفاع والأمن والصحة. حيث أن كثيرا من المنافع لا يمكن اخضاعها للقياس الاقتصادي بالارقام. لذلك نعود إلى القول بان تقرير حجم ومستوى المنفعة المتحققة يخضع لاعتبارات سياسية واجتماعية تحددها السلطة السياسية في البلد.

٢-٢-٢: قاعدة الاقتصاد:

تعني هذه القاعدة الابتعاد عن التبذير والاسراف في الانفاق العام وتحري الرشد والعقلانية عند الانفاق. وبلغة الاقتصاد تعني هذه القاعدة تعظيم المنفعة المتحققة من انفاق المبلغ نفسه. أو تحقيق المنفعة نفسها بأقل كلفة ممكنة. أن عدم الالتزام بهذه القاعدة يعني اضاعة الأموال العامة. وحرمان المجتمع من منافع أكبر كان يمكن أن يحصل عليها لو أتبعت هذه القاعدة. وكذلك يؤدي عدم الاقتصاد إلى تشجيع المواطنين على التهرب من الاعباء المالية. لانهم يحسون أن هذه الأموال لا يحسن استخدامها وتبدد فيما لا فائدة منه[1].

أن قاعدة الاقتصاد في الانفاق لا تعني البخل والتقتير وعدم الانفاق في المجالات المشروعة. فهذا أبعد ما يكون عن المراد من هذه القاعدة. فهي تعني ترشيد الانفاق وحسن التدبير وانفاق الأموال فيما يلزم انفاقه مهما بلغ حجم هذا الانفاق. ولضمان مراعاة هذه القاعدة تضع الدول انظمة صارمة للمراقبة

(١) عاطف صدقي، مصدر سابق، ص٢٠٦ .

على الانفاق العام. وذلك في مرحلة اعداد الموازنة والتنفيذ وما بعد التنفيذ.

٢-٢-٣: قاعدة الترخيص:

تعني النفقة العامة تصرف هيئة عامة بأموال عامة[1]. لذلك يجب أن تخضع لترخيص مسبق من السلطة المختصة أي السلطة التشريعية التي لها فقط حق منح هذا الترخيص. ويكون ذلك بقانون خاص واجب التنفيذ، ولا يجوز الخروج عنه إلا باستثناء قانوني. أن وجود هذه القاعدة والتقييد بها يعد وسيلة فعالة للمحافظة على الأموال العامة من الاسراف والتبذير. وهذه القاعدة من أبرز نقاط الاختلاف بين النفقة العامة والنفقة الخاصة.

---

(١) عبد العال الصكبان، مصدر سابق، ص٧٧ .

المبحث الثالث

٢-٣: تقسيمات النفقات العامة

هناك نوعان من التقسيمات للنفقات العامة الاول هو التقسيمات العلمية والثاني هو التقسيمات الوضعية. وفيما يأتي تفصيل لهذين النوعين[١]:

٢-٣-١: التقسيمات العلمية للنفقات العامة:

النفقات العامة غير متجانسة من حيث طبيعتها وخصائصها ومواصفاتها المختلفة لذلك يصار إلى تقسيمها على وفق معايير واعتبارات معينة. واهم هذه التقسيمات ما يأتي:

٢-٣-١-١: تقسم النفقات العامة من حيث انتظامها:

وتتضمن النفقـات العامـة الاعتياديـة الدوريـة والنفقـات العامـة غـير الاعتياديـة (الاستثنائية). ويقصد بالنفقات الاعتيادية تلك التي تنفق سنويا مثل رواتب المـوظفين ونفقـات صيانة الطرق والادارة العامة... فهذه النفقات تتكرر كل سنة ولكن لا يشترط أن تتكـرر بـالحجم نفسه. أما النفقات غير الاعتيادية فيقصد بها النفقات التي لا تكرر بشـكل منتظم ودوري كـل سـنة. مثال ذلك نفقات انشـاء سـد أو بناء جسـر أو نفقـات حـرب أو تعويضـات للمنكـوبين بالكوارث الطبيعية... الخ.

أن أساس هذا التقسيم هو سنوية الموازنة العامة. فلو اعتمدنا معيارا زمنيا اقل من سـنة لتحولت النفقات الاعتيادية إلى نفقات غير اعتيادية. وبالعكس لو

---

(١) عبد العال الصكبان، مصدر سابق، ص١٠٤.

اعتمدنا معيارا زمنيا أكثر من سنة لتحولت بعض النفقات غير الاعتيادية إلى نفقات اعتيادية.

أن هذا التقسيم يمتاز ببساطته ويستفيد منه واضع الموازنة العامة حيث يستطيع أن يضع تقديرا للنفقات الاعتيادية بسهولة وأقرب إلى الدقة في حين لا يستطيع ذلك بالنسبة للنفقات غير الاعتيادية. وكذلك يفيد هذا التقسيم المجالس النيابية عند مناقشتها لجانب النفقات من الموازنة حيث تكون الموافقة روتينية مع قليل من المناقشة بالنسبة للنفقات الاعتيادية في حين تحتاج الموافقة على النفقات غير الاعتيادية إلى المزيد من الدراسة والتمحيص.

٢-٣-١-٢: تقسيم النفقات العامة حسب أغراضها:

تقسم النفقات العامة حسب المجالات والأهداف التي تسعى لتحقيقها مثال ذلك:

أولا: النفقات الإدارية: وهي النفقات المخصصة لتمكين الجهاز الإداري للدولة من الاستمرار في تقديم خدماته, ومنها رواتب الموظفين ومشتريات دوائر الدولة وغيرها.

ثانيا: النفقات الاقتصادية: وهي النفقات ذات الأهداف الاقتصادية مثل نفقات انشاء المشاريع الاقتصادية والنفقات المخصصة لاعانات البطالة والاعانات الاقتصادية... الخ.

ثالثا: النفقات الاجتماعية: وهي النفقات المخصصة لتقديم خدمات اجتماعية مثل التعليم والصحة والضمان الاجتماعي... الخ.

رابعا: النفقات المالية: تتضمن فوائد واقساط الدين العام.

خامسا: النفقات العسكرية: تشمل نفقات الأمن والدفاع وشـراء الاسلحة وبناء المصـانع العسكرية وما شابه ذلك.

٢-٣-١-٣: تقسيم النفقات حسب نطاق سريانها:

تقسم النفقات إلى نفقات مركزية وأخرى محلية:

أولا: فالنفقات المركزية هي التي تخص كيـان الدولة وجميـع أقاليمهـا مثل نفقـات الـدفاع والأمن وانشاء المشاريع الاقتصادية الاستراتيجية. ويتولى أمر انفاقها السلطة المركزية.

ثانيا: أما النفقات المحلية فهي التي تخص مدينة معينة مثل تقديم الخدمات البلدية وتبليط الشوارع ومد شبكات الماء والكهرباء والهاتف.... ويتولى أمر انفاقها السلطة المحلية.

٢-٣-١-٤: تقسيم النفقات بحسب آثارها الاقتصادية:

تقسم النفقات حسب علاقتها بالثروة القومية على نفقات رأسمالية وجارية.

أولا: النفقات الرأسمالية: هي نفقـات الدولة المخصصة للحصـول عـلى المعـدات الرأسماليـة والمصانع والمشاريع الإنتاجية وبناء السدود والمدارس والمستشفيات. هذه النفقـات تسـهم في بناء رؤوس الأموال وزيادة الإنتاج القومي.

ثانيا: النفقات الجارية: هي النفقات اللازمة لسير الجهاز الإداري للدولة وبقية المرافق العامة, مثل الرواتب والاجور. هـذه النفقـات لا تسـاهم في تكـوين رأس المـال بـل هـي نفقـات استهلاكية أو تشغيلية.

٢-٣-١-٥: تقسم النفقات بحسب استخدام القوة الشرائية وانتقالها:

تقسم النفقات على نفقات حقيقية ونفقات تحويلية:

أولا: النفقات الحقيقية: هي النفقات التي تحصل الدولة من جراء انفاقها على سلع وخدمات مثل الرواتب التي تدفع للموظفين للحصول على خدماتهم. وكذلك نفقات شراء مستلزمات المكاتب الحكومية ونفقات المشاريع الاستثمارية.

ثانيا: النفقات التحويلية: هي النفقات التي لا تحصل الدولة من جراء انفاقها على سلع أو خدمات، بل مجرد نقل للقوة الشرائية من الدولة إلى جهات أخرى. والنفقات التحويلية تكون على عدة انواع وحسب الغرض الذي تنفق من اجله وهي [1]:

أولا: النفقات التحويلية الاجتماعية: وهي النفقات التي تنفقها الدولة لتحقيق التوازن الاجتماعي عن طريق رفع المستوى المعاشي لبعض افراد المجتمع وفئاته. مثل الاعانات التي تمنحها الدولة لذوي الدخل المنخفض أو لاصحاب الاعباء العائلية الكبيرة. وكذلك ما يقدم للمنكوبين بالكوارث الطبيعية والحروب واعانات البطالة... الخ.

ثانيا: النفقات التحويلية الاقتصادية: وهي النفقات التي تنفق لتحقيق أهداف اقتصادية خدمة للمصلحة العامة. مثال ذلك دعم بعض

---

(١) صلاح نجيب العمر، اقتصاديات المالية العامة، جامعة بغداد، مطبعة العاني، ١٩٨٢، ص١٧٧.

الصناعات الوطنية الناشئة أو دعم أسعار بعض السلع الضرورية للمواطنين أو تقديم مساعدات للاستثمارات الجديدة في بعض المجالات أو اعانات دعم الصادرات لتمكين المصدرين من المنافسة في الأسواق الخارجية.

ثالثا: النفقات التحويلية المالية: هي النفقات التي تدفعها الدولة عند مباشرتها لنشاطها المالي. ومن اهم صورها فوائد الدين العام، واقساط استهلاكه السنوية.

أن لهذا التقسيم اهمية كبيرة في التحليل الاقتصادي لان النفقات الحقيقية تشكل طلبا فعالا، وهي تسهم في زيادة الناتج القومي ومستوى الاستخدام. أما النفقات التحويلية فهي مجرد إعادة توزيع للدخل القومي من جهة إلى أخرى.

٢-٣-١-٦: تقسيم النفقات بحسب إنتاجيتها:

تقسم النفقات على نفقات عامة منتجة ونفقات عامة غير منتجة:

أولا: النفقات العامة المنتجة هي التي يتوقع من انفاقها تحقيق ايراد للدولة مثل الانفاق على بناء السكك الحديدية أو المشاريع الاقتصادية المنتجة.

ثانيا: النفقات العامة غير المنتجة هي التي لا يتوقع من انفاقها حصول الدولة على ايراد مالي مباشر مثل صيانة الطرق واعانات البطالة والتحويلات الاجتماعية الأخرى.

أن هذا التقسيم يهتم بالعائد المالي المباشر فقط. إلا انه في الحقيقة أن أغلب النفقات غير المنتجة حسب هذا التقسيم تكون منتجة وتساهم في زيادة

الإيراد المالي للدولة وزيادة الإنتاج في المستقبل مثل الانفاق على التعليم والصحة والثقافة..... كلها نفقات منتجة ولكن على المدى البعيد أو بصورة غير مباشرة.

٢-٣-١-٧: تقسيم النفقات من حيث منفعتها:

تقسم النفقات العامة إلى نفقات عامة نافعة وأخرى غير نافعة، فالنفقات العامة النافعة هي النفقات التي يعود على المواطنين من جراء انفاقها منافع مادية أو معنوية. أما النفقات العامة غير النافعة فهي التي لا يعود على المواطنين أي فائدة من جراء انفاقها. مثال ذلك النفقات المظهرية التي تلبي رغبات اشخاص معينين كالملوك والرؤساء الذين يتزعمون انظمة دكتاتورية وغير ديمقراطية.

٢-٣-٢: التقسيمات الوضعية للنفقات العامة:

يقصد بالتقسيمات الوضعية تلك التي تظهر في موازنات الدول المختلفة. وهي تقسيمات لا تتقيد بالاعتبارات العلمية انما تتأثر باعتبارات وظيفية أو ادارية(١). إذ يتم تقسيم أو تبويب النفقات العامة في وثيقة الموازنة العامة للدولة وفق فئات متجانسة وبموجب تقسيمات تختلف من دولة لأخرى وحسب الاعتبارات السياسية أو الإدارية أو الوظيفية. وتقليديا تقسم النفقات العامة وفق الوحدات التنظيمية للجهاز الحكومي بحيث يخصص لكل وزارة فصل خاص بها في وثيقة الموازنة. ويسمى هذا التقسيم بالتقسيم الإداري أو التنظيمي ويفيد هذا التبويب في تحديد مسؤولية صرف النفقات العامة والرقابة على التنفيذ والصرف في حدود الاعتمادات المخصصة لكل جهة ادارية.

---

(١) هاشم محمد صفوت العمري، اقتصاديات المالية العامة، ج ٢، ١٩٨٨، ص ٣٦ .

كما يتبع التقسيم الإداري تقسيم آخر هو التقسيم النوعي حيث يكون وفقا لطبيعة النفقة أو وفقا لاغراض الصرف. حيث يبين انواع الاعتمادات المخصصة للاجهزة الإدارية مثل الرواتب ومصارف التشغيل والصيانة والمشاريع والاعانات.... وبشكل عام كل دولة تقسم نفقاتها بالشكل الذي يلائمها وان كان الاتجاه الحديث يميل إلى محاولات التوفيق بين التقسيمات العلمية والاعتبارية الأخرى.

المبحث الرابع

٢-٤: انواع النفقات العامة

تكون النفقات العامة على عدة انواع أهمها:

٢-٤-١: الرواتب والاجور:

وهي المبالغ التي تقدمها الدولة للعاملين لديها مقابل حصولها على خدماتهم. وتكون على عدة انواع أهمها:

٢-٤-١-١: راتب رئيس الدولة:

يتحدد راتب رئيس الدولة أما بقانون يصدر مع كل موازنة أو عند توليه المنصب مع النص على امكانية تعديله على وفق تغيير الظروف الاقتصادية.

٢-٤-١-٢: رواتب أعضاء البرلمان:

تحدد لهم رواتب ليتمكنوا من التفرغ لواجباتهم وأدائها على الوجه الاكمل وكذلك لتشجيع اصحاب الكفاءات لتحمل المسؤولية النيابية. وتحدد هذه الرواتب بقانون عادي أو ينص عليها الدستور.

٢-٤-١-٣: رواتب الموظفين:

عندما تحدد الدولة رواتب موظفيها يجب عليها أن تأخذ بنظر الاعتبار أمورا منها:

أولا: مستوى تكاليف المعيشة: يجب أن يعطى الموظف راتبا يكفيه للعيش هو واسرته بمستوى لائق. لان ذلك يضمن اخلاص الموظف لعملة وكذلك يحصنه ضد الرشوة والسرقة من الأموال العامة. ومن الضروري أن يعاد

النظر في رواتب الموظفين كلما تغير المستوى العام للأسعار. ويتم تعويض الموظف من خلال ما يسمى بمخصصات غلاء المعيشة[1].

ثانيا: طبيعة العمل والمؤهلات العلمية والفنية للموظف: وهـذا يضـمن العدالـة وتحفيـز الموظفين والعمال على الابداع وتطوير قدراتهم. مثال ذلك المهندس يستحق راتبا أكثر مـن العامل والعامل الماهر يستحق راتب أكثر من العامل غير الماهر. والعامل في ظروف عمل قاسية يستحق راتب أكثر من نظيره الذي يعمل في ظروف عمل طبيعية. والـدوام الليلي يستحق راتب أكبر من الدوام النهاري وهكذا.

ثالثا: المقارنة بين رواتب الموظفين الحكوميين وأقرانهم العاملين في القطاع الخاص. بحيث لا يكون الفرق كبيرا لان زيادة رواتب القطاع الخاص بشكل كبير مـن شـانها أن تجـذب الموظفين الاكفاء إلى القطاع الخاص. وحرمان الدوائر الحكومية من خدماتهم.

رابعا: مراعاة مستوى الرواتب في الدول المجاورة: يجب أن لا يكون الفرق كبير لان ذلك يؤدي إلى هجرة الموظفين للعمل في الخارج ولاسيما اصحاب الكفاءات والتخصصات العلمية.

خامسا: يجب أن تصدر الدولة تشريعا عاما ينظم الرواتب من حيث شروط التعيين والترقيـة ومقدار رواتب الاعمال المختلفة لكي يكون الموظف علـى علـم تـام براتبه ممـا يـؤدي إلى استقرار وظيفي وأداء أفضل لأعمال الدوائر الحكومية.

---

(١) وأفضل أسلوب هو ربط الاجور و الرواتب بالرقم القياسي لاسعار المستهلك .

٢-٤-١-٤: الرواتب التقاعدية:

هي مبالغ نقدية تدفع شهريا لاشخاص قضوا خدمة طويلة في دوائر الدولة. وقد أحيلوا إلى التقاعد لأسباب صحية أو لكبر أعمارهم أو عجزهم عن مواصلة الخدمة... وتدفع الدولة هذه الرواتب تقديرا منها لجهود الموظف ورغبة في توفير عيش كريم لمن أفنى زهرة شبابه في خدمة الدولة. ويراعى عند تحديد الرواتب التقاعدية مدة خدمة الموظف ونوع وظيفته وعدد افراد اسرته والمستوى العام للأسعار...

٢-٤-٢: أثمان مشتريات الدولة:

هي المبالغ النقدية التي تدفعها الدولة مقابل حصولها على سلع مختلفة وفي هذا المجال يثار موضوعان للنقاش هما[1]:

٢-٤-٢-١: من يقوم بعملية الشراء:

عادة ما يترك أمر الشراء للادارات الحكومية المحلية أو الفرعية إذا كانت السلع قليلة الثمن, وتحتاج اليها الدوائر باستمرار مثل القرطاسية وأثاث المكاتب... وذلك لان الحاجة لمثل هذه السلع تكون مستعجلة ولا يتطلب أمر شرائها خبرة عالية بالسوق. أما أمر شراء المصانع وعقود الاشغال العامة... فيكون ذلك من اختصاص السلطة المركزية لان مثل هذه الامور تحتاج إلى خبرة عالية لا توجد إلا على مستوى السلطة المركزية.

(١) نوزاد الهيتي، مقدمة المالية العامة، جامعة الفاتح، طرابلس ١٩٩٧، ص٦٦ .

٢-٤-٢-٢: طريقة الشراء:

هناك عدة طرائق للشراء الأولى تقتضي تشكيل لجان حكومية تقوم بعملية الشراء من الأسواق المحلية أو الاجنبية. ومن محاذير هذه الطريقة عدم اخلاص الموظفين أو تواطؤهم مع البائعين في مجال الأسعار أو جودة السلع المشتراة. أما الطريقة الثانية فهي الشراء بالمناقصة. حيث تعلن الدولة عن شروط ومواصفات السلع أو الاعمال المطلوبة. ويتطلب من المقاولين تقديم عطاءاتهم (أسعارهم) بشكل سري. بعد ذلك يحال أمر الشراء إلى اقل العطاءات. وهناك طريقة أخرى حيث يتم الشراء من مجهزين ممارسين حيث تعهد الدولة إلى هؤلاء تجهيزها بالسلع المطلوبة، وذالك لامتلاك هؤلاء الخبرة الواسعة في هذا المجال والثقة بكفاءتهم واخلاصهم.

٢-٤-٣: الاعانات:

هي نفقات تقرر الدولة منحها للهيئات العامة أو الخاصة أو الأفراد من غير أن تحصل على مقابل. ظهر هذا النوع من الانفاق بعد تطور دور الدولة عن طريق التدخل بالحياة الاقتصادية والاجتماعية لتحقيق أهداف معينة. أما في مرحلة الدولة الحارسة فقد كانت الدولة لا تملك ولا ترغب في التدخل في الحياة الاقتصادية والاجتماعية وكانت تقف على الحياد ما استطاعت.

تكون الاعانات على نوعين[1]:

٢-٤-٣-١: الاعانات الخارجية:

وهي مبالغ تقدمها الدولة لدول أو أحزاب أو منظمات أو صحف أو

(١) طاهر الجنابي، مصدر سابق، ص٦٥-٦٦ .

اشخاص في الخارج. وتقدم هـذه الاعانـات لاغـراض سياسـية مثـل كسـب تأييـد هـذه الجهات الخارجية في المحافل الدولية أو كسب مناصرتها للقضايا الوطنية والقومية بأي شكل من الاشكال.

٢-٤-٣-٢: الاعانات الداخلية:

وهي مبالغ نقدية تقدم إلى جهات محلية وتكون على عدة أشكال وتبعا للاغراض التـي تهدف اليها وكما يأتي:

أولا: الاعانات الإدارية: تقدم لبعض الهيئات العامـة ذات الشخصية المعنوية أو إلى الهيئـات المحلية بقصد مساعدتها على أداء واجباتها أو لسد العجز الحاصل في موازنتها. أو لضمان سيرها ضمن السياسة العامة للسلطة المركزية.

ثانيا: الاعانات الاقتصادية: تقدم للمؤسسات الاقتصادية الإنتاجيـة لتحقيـق أهـداف مختلفة منها المحافظة علـى تقـديم منتجاتها وخـدماتها بأسعار مناسبة للمواطنين أو لتشـجيع الإنتاج أو التصدير أو لحمايـة الإنتاج المحلي مـن المنافسـة الاجنبيـة مـن خلال خفض تكاليف إنتاجها وتمكينها من البيع بأسعار اقل من أسعار السلع المنافسة الاجنبيـة أو غـير ذلك من الأهداف الاقتصادية.

ثالثا: الاعانات الاجتماعية: تـقدم لجـهات مخـتلفة الهـدف منها تحقيـق أهـداف اجتـماعية مثل اعانات البطالة والاعانات المقدمة لدور رعايـة الايتـام والعجـزة والفقـراء والمنكـوبين والاعانات المقدمة للجمعيات الخيرية والعلمية والاجتماعية.

٢-٤-٤: فوائد واقساط الدين العام:

قد تلجا الحكومة إلى الاقتراض من الجمهور أو من الجهاز المصرفي أو من الخارج لأسباب مختلفة قد تكون اسبابا مالية صرفة أو اسبابا اقتصادية. وعادة ما تكون للحكومة قدرة تفوق قدرة المؤسسات الخاصة في مجال الاقتراض من حيث مبلغ القرض وشروطه المتضمنة سعر الفائدة ومبلغ القسط ومدة التسديد وموعد بدء التسديد وغير ذلك.

أن تسديد فوائد واقساط الدين العام يعتبر احد انواع النفقات العامة. وعملية الانفاق هذه إضافة إلى أنها تحكمها شروط الاقتراض المعلنة وقت عقد القرض إلا انه قد تكون للحكومة غايات أخرى اقتصادية أو اجتماعية أو سياسية. إذ يمكن للحكومة أن تستخدم عملية الانفاق هذه من حيث موعد السداد أو كميته كأداة من أدوات السياسة الاقتصادية وخاصة السياسة المالية لتحقيق أثرا مرغوبا في الاقتصاد القومي. كان تكون جزءا من سياسة اقتصادية توسعية عندما يسير الاقتصاد باتجاه الانكماش والكساد أو جزءا من سياسة اقتصادية انكماشية عندما يعاني الاقتصاد القومي من ضغوط تضخمية.

المبحث الخامس

٢-٥: حجم النفقات العامة

لدراسة حجم النفقات العامة يجب أن نتناول موضوعين أساسيين الاول نبحث فيه حدود الانفاق العام أي بمعنى آخر ما هي العوامل التي تحدد نسبة الانفاق العام من الدخل القومي لدولة ما. والموضوع الثاني نتناول فيه طبيعة مسار حجم النفقات العامة أو ما يسمى بظاهرة زيادة النفقات العامة من حيث طبيعتها وأسبابها.

٢-٥-١: حدود الانفاق العام:

ما هي النسبة التي تقتطعها الدولة من الدخل القومي على أنها انفاق عام؟ هناك من قال بان هذه النسبة لا تتجاوز ٢٥-٣٠% من الدخل القومي. وهناك من عارض هذه النسبة وعدها نسبة مرتفعة وذلك لاعتقادهم أن هذه النسبة تحكمية ولا تستند إلى مسوغات اقتصادية. وكذلك لاعتقادهم أن نفقات الدولة هي نفقات استهلاكية ليس إلا وعليه يجب خفضها. أن هؤلاء كانوا مصيبين في الاعتقاد الاول إلا انهم مخطئون في الاعتقاد الثاني كما سنرى في المبحث القادم. أن نسبة النفقات العامة من الدخل القومي لا يمكن أن تحدد نسبة معينة وبشكل ثابت. إلا أن هذا غير مقبول من الناحية العملية ولان تحديد هذه النسبة يعتمد على عوامل أهمها ما يأتي:

٢-٥-١-١: المذهب الاقتصادي:

يحدد المذهب الاقتصادي الذي تدين به الدولة واجباتها والخدمات العامة التي يتعين عليها إشباعها. ومعلوم انه كلما زادت واجبات الدولة زاد معها

حجم النفقات المقتطعة من الدخل القومي. ويكون تأثير هذا العامل كالآتي:

أولا: المذهب الفردي (الرأسمالي):

مر تأثير هذا المذهب بمرحلتين هما:

١. المرحلة الأولى: في هـذه المرحلـة كـان المذهـب يدعـو إلى الحريـة التامـة في النشـاط الاقتصادي. وعـلى الدولـة أن لا تتـدخل إلا بأقـل قـدر ممكـن وكانـت تسـمى بالدولـة الحـارسة. في هذه المرحلة كانت نسبة حجم النفقات العامة إلى الدخل القومي منخفضة. وكانت الدعوة قائمة باستمرار إلى تقليل حجم النفقـات العامـة لان دعـاة المذهـب كانوا يعتقدون بانها نفقات استهلاكية ليس إلا.

٢. المرحلة الثانية: مع بداية القرن العشرين زاد دور الدولة في الحياة الاقتصادية والاجتماعيـة واخذت تتخلى عن التقيد بوظائفها السابقة - كدولة حارسة - من خـلال انشـاء المشـاريع الاقتصادية ومعالجة الازمات الاقتصادية وتنمية الاقتصاد القومي ... والمحافظة على النمو والاسـتقرار الاقتصـادي والاجتماعـي. والعمـل عـلى زيـادة رفاهيـة أبنـاء المجتمـع. هـذه الوظائف الجديدة تطلبت المزيد من الانفاق مما أدى إلى رفع نسبة النفقات العامـة مـن الدخل القومي.

ثانيا: المذهب الجماعي (الاشتراكي):

في ظل هذا المذهب تكون الدولة منتجة من خلال امتلاكها لوسائل الإنتـاج. ولهـذا فـان جزءا كبيرا من الاقتصاد القومي يدار من قبل الدولة. وهذا يعني أن الدولة مسؤولة عن النواحي الاقتصادية والاجتماعية مسؤولية مباشرة. وهذا الأمر يتطلب أن تكون نسبة النفقات العامـة مـن الدخل القومي مرتفعة

جدا مقارنة مع ما هي عليه في الدول الرأسمالية. بعد انهيار الاتحاد السوفييتي السابق عام ١٩٩٢ اخذت الانظمة الاقتصادية الاشتراكية تنحسر إلى حد كبير. وما بقي منها أجرى تغييرا جوهريا في طريقة إدارته الاقتصادية وذلك من خلال التخفيف من المركزية وإفساح المجال للقطاع الخاص والمبادرة الفردية لاخذ دورهما في الاقتصاد.

٢-٥-١-٢: مستوى النشاط الاقتصادي:

كان الفكر الاقتصادي الكلاسيكي يؤمن بوجود علاقة طردية بين مستوى النشاط الاقتصادي وحجم النفقات العامة. فكلما تحسن مستوى النشاط الاقتصادي زادت النفقات العامة والعكس صحيح. أما بعد ظهور النظرية العامة لكينز عام ١٩٣٩ فقد صارت النفقات العامة تمثل احد الأدوات المستخدمة للتأثير في مستوى النشاط الاقتصادي. ففي حالة الانتعاش الاقتصادي تقوم الدولة بتخفيض حجم انفاقها العام لتجنب ظهور آثار التضخم أو على الأقل التخفيف منها. أما في حالة الركود والكساد الاقتصادي فان الدولة تلجأ إلى زيادة حجم الانفاق العام لرفع مستوى الطلب الفعال بما يسمح بتحقيق الاستخدام الكامل والقضاء على البطالة[١].
أن انواع النفقات العامة تتحسس للحالة الاقتصادية بدرجات متفاوتة. فمثلا الانفاق الجاري لا يتحسس بدرجة عالية لمستوى النشاط الاقتصادي إلا انه يتحسس أكثر عند الارتفاع مما هو عليه عند الانخفاض. وذلك لعدم مرونة بعض النفقات كالرواتب والاجور. أما الاعانات فإنها تتأثر بشكل معاكس لحالة النشاط الاقتصادي إذ تزيد في حالة الكساد والانكماش وتقل في حالة الانتعاش.

(١) نوزاد الهيتي، مقدمة المالية العامة، جامعة الفاتح، طرابلس ١٩٩٧، ص٦٦ .

وبشكل عام فان درجة تحسس النفقات العامة للنشاط الاقتصادي تعتمد بدرجة كبيرة على درجة تدخل الدولة في الاقتصاد. فكلما زاد تدخلها زادت معه درجة تحسس النفقات العامة لمستوى النشاط الاقتصادي والعكس صحيح.

٢-٥-١-٣: المقدرة التكليفية:

يعتمد حجم النفقات على قدرة الدولة في الحصول على الإيرادات أو بمعنى آخر مدى قدرة الاقتصاد القومي على تكوين ايرادات للدولة. فليس للدولة قدرة لا نهائية في الحصول على الإيرادات. وكذلك للاقتصاد القومي قدرة محدودة في تدبير الإيرادات العامة للدولة. وقدرة الاقتصاد القومي على تدبير الإيرادات العامة تسمى بالمقدرة التكليفية أو الطاقة الضريبية أو العبء الضريبي الامثل. وهي تعبيرات تعني الحد الاقصى من الضرائب التي تتكون من المقدرة التكليفية القومية والمقدرة التكليفية الجزئية والمقدرة الاقراضية.

أولا: المقدرة التكليفية القومية (الطاقة الضريبية)

يقصد بالمقدرة التكليفية للاقتصاد القومي قدرة الوحدات الاقتصادية على الاسهام في دفع الضرائب. أي بلوغ أقصى حصيلة ضريبية يمكن اقتطاعها من الدخل القومي. ويطلق عليها الطاقة الضريبية أو العبء الضريبي الامثل والذي يعرف بانه (أقصى قدر من الأموال يمكن تحصيله بواسطة الضرائب في حدود الدخل القومي وتركيبه، وذلك في ظل النظام السياسي والاجتماعي السائد, من غير احداث ضغوط اقتصادية أو اجتماعية أو سياسية لا يمكن تحملها) ويتم التعرف على العبء الضريبي الامثل من خلال اعتماد حصيلة الضرائب معيارا لذلك. فعند زيادة العبء الضريبي من خلال زيادة أسعار الضرائب النافذة أو

فرض ضرائب جديدة. فاذا زادت حصيلة الضرائب الكلية بنسبة اكبر أو بنفس النسبة التي زادت بها الضرائب, فان هذا يدل على أن وعاء الضريبة قد اتسع أو بقي على حاله. وهذا يعني اقترابنا من العبء الضريبي الامثل. أما إذا كانت زيادة العبء الضريبي قد تسببت في زيادة حصيلة الضرائب بنسبة اقل من نسبة زيادة العبء الضريبي أو حصل نقص فيها، فهذا يعني أن وعاء الضريبة قد اخذ بالتناقص أي ابتعدنا عن العبء الضريبي الامثل.

وفيما يلي اهم العوامل المؤثرة في المقدرة التكليفية القومية:

١. العوامل الاقتصادية: ومن اهم هذه العوامل ما يأتي:

أ. هيكل الاقتصاد القومي أي نوع النشاط السائد في الاقتصاد القومي: إذا كان النشاط الصناعي هو السائد كانت المقدرة التكليفية أكبر بسبب ضخامة رؤوس الأموال المستثمرة وسرعة تداولها. وتكون المقدرة اصغر في حالة سيادة القطاع الزراعي بسبب موسمية الدخول وانتشار الاستهلاك الذاتي الذي لا يدخل حركة التداول.

ب. نمط توزيع الدخل القومي: كلما كان توسيع الدخل القومي أكثر عدالة كلما قلت الفوارق بين افراد وطبقات المجتمع. وهذا يؤدي إلى مقدرة تكليفية أكبر. وذلك لان فرض ضريبة نسبية متصاعدة على دخول عالية وقليلة العدد يصاحبها في الوقت نفسه إعفاء عدد كبير من الدخول المنخفضة. وهذا يقلل من وعاء الضريبة ومن ثم يقلل من القدرة التكليفية القومية.

ج. حالة النشاط الاقتصادي أو طبيعة الظاهرة النقدية السائدة: إذا كان هناك تضخم تزداد المقدرة التكليفية لان وعاء الضريبة يزداد وتزداد معه حصيلة

الضرائب ولكن هذه الزيادة تكون أسمية وليست حقيقية. أما في حالة الكساد فان حصيلة الضرائب تقل وتقل معها المقدرة التكليفية القومية بسبب انكماش اوعية الضرائب.

د. درجة إنتاجية الانفاق العام: إذا كانت الإيرادات العامة تمول انفاقا عاما منتجا، يميل الناتج القومي إلى الزيادة، مما يزيد من اوعية الضرائب وتزداد قدرة الاقتصاد القومي على تحمل الاعباء الضريبية أي تزداد المقدرة التكليفية القومية. أما إذا مولت الإيرادات نفقات عامة غير منتجة فسوف يحدث العكس تماما مما يؤدي إلى انخفاض المقدرة التكليفية القومية.

هـ. حجم الدخل القومي: معلوم أن الإيرادات الضريبية تقتطع كنسبة من الدخل القومي. لذلك تكون العلاقة بينهما طردية. أي كلما زاد حجم الدخل القومي زادت معه المقدرة التكليفية القومية وذلك لان زيادة حجم الدخل القومي تعني زيادة دخل الأفراد والوحدات الاقتصادية أي زيادة وعاء الضريبة مما يسمح بزيادة حصيلة الضريبة.

و. الحد الادنى اللازم للمعيشة: وهو ذلك الحد الذي يجب إلا تمسه الضرائب والا قلت قدرة الأفراد ورغبتهم في العمل وكسب الدخل والادخار. وهذا الحد يختلف من دولة إلى أخرى وحسب درجة التطور الاقتصادي والاجتماعي. ويرتبط مع القدرة التكليفية بعلاقة عكسية. يتم التعرف على تكاليف المعيشة من خلال المقارنة بين متوسط الدخل الفردي والمستوى العام للأسعار. فارتفاع الاول يؤدي إلى خفض تكاليف المعيشة عند ثبات الثاني وارتفاع الثاني يؤدي إلى رفع تكاليف المعيشة عند ثبات الاول. وعادة ما يتمتع حجم الدخل المنخفض مقارنة مع تكاليف المعيشة بإعفاء

ضريبي. لذلك كلما انخفضت تكاليف المعيشة كلما خضع جزء اكبر من الدخل للضريبة ومن ثم تزداد المقدرة التكليفية القومية والعكس صحيح.

٢- العوامل الاجتماعية:

تتمثل في عدة عوامل منها:

أولا: تركيب السكان العمري: فكلما زادت نسبة العاملين زاد معها عدد المكلفين بدفع الضرائب. ويحصل العكس عندما يزداد عدد الاطفال ومن هم خارج قوة العمل، لان عبء هؤلاء سيتحمله السكان العاملون وكذلك يؤثر في القدرة التكليفية وعمق الوعي الضريبي ومدى الثقة في تصرفات الدولة الاقتصادية.

ثانيا: المقدرة التكليفية الجزئية: ويقصد بها مقدرة الوحدات الاقتصادية (الاشخاص الطبيعيين والمعنويين) على الاسهام في تحمل الاعباء العامة. وتعتمد هذه المقدرة على عاملين هما:

١- طبيعة الدخل: تزداد المقدرة التكليفية كلما اتجهت الدخول نحو الاستقرار فالدخول الناشئة عن امتلاك وسائل الإنتاج أكثر استقرارا من الدخول الناشئة عن العمل بسبب تعرض الاخيرة للبطالة والمرض وتأثرها بعوامل بايلوجية ونفسية... وهذا هو سبب المراعاة الخاصة لهذه الدخول في المعاملة الضريبية.

٢- كيفية استخدام الدخل: كلما ارتفع الدخل ارتفع ما يخصص منه للاغراض غير الضرورية أي إلى زيادة السلع الكمالية والترفيهية. وهذا من شانه أن يزيد من رفاهية الأفراد وتزداد إنتاجيتهم ودخلهم ومن ثم تزداد قدرتهم على تحمل الاعباء الضريبية.

ثالثا: المقدرة الاقراضية: يقصد بها مقدرة الاقتصاد على تلبية حاجات الدولة من القروض العامة. وهذه المقدرة تتوقف على عاملين هما:

١. **حجم الادخار القومي:** وهذا يعتمد على ما هو مخصص للاستهلاك من الدخل. أو ما يسمى بالميل الاستهلاكي. فكلما زاد الميل الاستهلاكي قل ما مخصص للادخار وقلت معه المقدرة الاقراضية والعكس صحيح.

٢. **توزيع الجزء المدخر بين الاقراض العام والخاص:** يحدث تنافسا بين الدولة والقطاع الخاص على الأموال المعدة للإقراض (المدخرات) فاذا كانت فرص الاستثمار مربحة تنساب المدخرات إلى القطاع الخاص. أما إذا كان العكس فتزداد الفرص أمام الدولة في جذب المدخرات على شكل قروض عامة.

٢-٥-٢: ظاهرة زيادة النفقات العامة:

لوحظ أن النفقات العامة - كاتجاه عام - دائما في ازدياد مستمر سنة بعد أخرى. ويحدث ذلك في الدول الصغيرة والكبيرة جميعها المتخلفة والمتقدمة وعلى اختلاف نظمها الاقتصادية والسياسية. واول من رصد هذه الظاهرة العالم الالماني فاجنر[١]. وقد فسرت هذه الظاهرة على أنها تطبيق لقانون يقضي بان الكائن الحي يميل إلى النمو بالاستمرار. وهذا ينطبق على الدولة أيضا. لان الجماعة لا تستغني عند نشوئها عن تدخل السلطة العامة ممثل بالدولة. وهذا التدخل يزداد كلما نمت ونضجت الدولة[٢]. وبناءا على ذلك فان النفقات

(١) عادل فليح العلي، طلال محمود كداوي، ج١، مصدر سابق، ص١٤٧ .

(٢) عبد العال الصكبان، مصدر سابق، ص٨٥ .

العامة تزداد لان الدولة عند نموها أما أن تقوم بوظائف جديدة أو تتوسع في تقديم الوظائف القديمة أو تحسن من نوعيتها. أن زيادة النفقات العامة لا تكون ذات طبيعة واحدة متجانسة. بل تقسم على نوعين هما الزيادة الحقيقية والزيادة الظاهرية للنفقات العامة وفيما يأتي تعريف وأسباب كل منهما:

٢-٥-٢-١: الزيادة الحقيقية للنفقات العامة:

يقصد بها تلك الزيادة التي تصاحبها زيادة في كمية و/أو نوعية الخدمات المقدمة من قبل الدولة للفرد أي زيادة نصيب الفرد من الخدمات العامة.

هناك عدة أسباب تؤدي إلى حصول زيادة حقيقية في النفقات العامة منها[1]:

أولا: الأسباب الاقتصادية

واهمها:

١. **زيادة الثروة ونمو الدخل القومي:** وهذا الأمر يمكن الدولة من أن تغترف قدر أكبر من الإيرادات. فالتناسب طردي بين حجم الدخل القومي وقدرة الدولة في الحصول على الإيرادات. ومن الملاحظ أن نسبة الزيادة في النفقات العامة في الدول المتقدمة تكون اقل من نسبة الزيادة في الدخل القومي. أما في الدول النامية فيحدث العكس.

٢. **توسع دور الدولة الاقتصادي:** لقد توسعت وظائف الدولة الاقتصادية مما تطلب زيادة في النفقات العامة لتتمكن من أداء هذه الوظائف. ومن هذه الوظائف:

---

(١) محمود رياض عطية، مصدر سابق، ص١٠٠.

أ. زيادة عدد المشاريع التي تقوم بها الدولة لتحقيق ايراد اقتصادي ومالي للدولة أو لتامين إنتاج سلع وطنية ذات اهمية إستراتيجية أو لتقديم سلع وخدمات بأسعار مناسبة للمستهلكين مثل الكهرباء والماء والهاتف أو لمنع احتكار هذه الخدمات من قبل القطاع الخاص إلى غير ذلك من الأسباب.

ب. من مسؤولية الدولة تحقيق التنمية الاقتصادية وتقع عليها مهمة تحفيز الاقتصاد وتهيئة الظروف اللازمة لانطلاقه مثال ذلك توليها أمر بناء وتكوين البنية التحتية للاقتصاد كبناء الطرق والسدود والمواصلات وتكوين المهارات... الخ.

ج. من مهام الدولة الحفاظ على الاستقرار والتوازن الاقتصادي وعلاج حالات البطالة والكساد وكذلك التضخم. وهذا الأمر يتطلب زيادة الانفاق الحكومي في اوقات الكساد. أما في اوقات الانتعاش الاقتصادي فان الدخل يزداد وتزداد معه الإيرادات العامة مما يشجع الدولة على المزيد من الانفاق. إذا تزداد النفقات العامة في حالة الكساد وفي حالة الرخاء والانتعاش مع اختلاف أسباب الزيادة في كل حالة عن الأخرى.

من وظائف الدولة الاهتمام بتحسين مركزها الاقتصادي في العالم الخارجي أي تحسين ميزان مدفوعاتها. ويتم ذلك من خلال تشجيع المنتجات الوطنية لسد الحاجة المحلية أي تعويض الاستيرادات أو للتصدير. وهذا الأمر يتطلب زيادة ما تقدمه الدولة من دعم واعانات للمشاريع الإنتاجية وهذا يتطلب المزيد من الانفاق العام.

ثانيا: الأسباب الاجتماعية

هناك أسباب طبيعية اجتماعية تؤدي إلى زيادة النفقات العامة أهمها[1]:

١. **زيادة عدد السكان**: تؤدي زيادة السكان إلى زيادة النفقات العامة للاسباب الآتية:

أ. تستلزم زيادة السكان توسع في الخدمات التي تقدمها الدولة لتشمل الزيادة الجديدة في السكان. أي تقديم الخدمات السابقة نفسها ولكن لعدد أكبر مـن السـكان وهـذا يحتاج إلى المزيد من النفقات العامة.

ب. تقديم المعدل نفسه من الخدمات لعدد أكبر مـن السـكان يحتـاج إلى وسـائل فنيـة وادارية أكبر. مما يستلزم المزيد من النفقات العامة.

ج. عادة ما تكون الزيادة السكانية في الطبقات الفقيرة أعلى مما هي عليه في الطبقات الـغنـية. وهذا يستلزم أن تقدم الدولة المزيد من الخدمات الاجتماعية لرفع المستوى المعاشي لهذه الطبقات. وهذا يتطلب المزيد من النفقات العامة.

٢. **اتساع المدن**: نتيجة لانتشار التصنيع تكونـت المـدن والتجمعـات السكانية الكبيرة, هـذه المـدن تحتاج إلى خدمـات عـامة أكثر مـما تحتـاجه المنـاطـق الريـفية مثل العناية الصحية والاهـتمام بوسـائل النقل والمواصلات ومـد شبكات المـاء والكهربـاء والهـاتف والعناية بتوفير الأمن ... الخ. وبشكل عام كلما اتسعت رقعة المدينة كلما زاد نصيب الفرد من

---

(١) يونس احمد البطريق، المالية العامة، مركز الكتب الثقافي، بيروت ١٩٨٤، ص٢١١ .

النفقات العامة. لان سكان المدن اكثر طلبا للخدمات العامة من سكان الريف بسبب ارتفاع مستواهم الثقافي والحضاري.

٣. **نمو الوعي الاجتماعي:** أدى انتشار التعليم والثقافة إلى تعزيز فكرة التضامن الاجتماعي فصار الأفراد يطلبون من الدولة القيام بوظائف جديدة مثل التأمين ضد البطالة والمرض والشيخوخة وتقديم الاعانات للأيتام والمشردين. وكذلك من مهام الدولة المعاصرة المحافظة على التوازن الاجتماعي بين الطبقات الاجتماعية من خلال اعادة توزيع الدخل لصالح الطبقات الفقيرة. هذه الوظائف تتطلب المزيد من الانفاق العام.

ثالثا: الأسباب السياسية

تؤثر بعض العوامل السياسية في زيادة النفقات العامة ومن اهم هذه العوامل ما يأتي:

١. انتشار المبادئ والنظم الديمقراطية: جعل ذلك الدولة تهتم أكثر بالفئات الاجتماعية ولاسيما الفقيرة منها. فالحكومات المنتخبة تحاول تقديم أفضل الخدمات الاجتماعية لكسب ود الرأي العام لتتمكن من الفوز في الانتخابات القادمة.

٢. نمو مسؤولية الدولة: أصبح من مسؤولية الدولة الحديثة تعويض الأفراد الذين يتضررون من جراء سير المصالح العامة مثال ذلك تعويض المتضررين بالحروب والمتضررين في أثناء أدائهم للخدمات العامة. وكذلك عندما تتطلب المصلحة العامة الاستيلاء على أملاك الأفراد أو لتضرر

أملاكهم بسبب ما قامت به الدولة من أعمال... وغير ذلك. هذا النمو في المسؤولية يحمل الدولة المزيد من النفقات العامة.

٣. ازدياد نفقات التمثيل الخارجي: زيادة عدد الدول المستقلة وتشابك مصالحها استلزم فتح السفارات لرعاية مصالح البلد في الدول الاجنبية. وكذلك زيادة عدد المنظمات الدولية والأقليمية وضرورة الاشتراك فيها... كل ذلك أدى إلى زيادة النفقات العامة.

رابعا: الأسباب الإدارية

نتيجة لتوسع دوائر الدولة زاد الكادر الإداري ليتمكن من أداء هذه الوظائف. ومن الملاحظ أن نمو وظائف الدولة يتم بشكل أسرع من نمو الادارات الحكومية وسبب ذلك هو ميل هذه الادارات إلى الركود وتفشي الروتين مما يؤدي إلى انخفاض إنتاجية الموظفين، وهذا يتطلب تعيين المزيد من الموظفين. أن انخفاض إنتاجية الموظفين يعني أن جزءا كبيرا من الرواتب المدفوعة يكون عبارة عن مدفوعات تحويلية وليست حقيقية. كما أن قلة الوعي لدى افراد المجتمع يجعلهم يجهلون القوانين والانظمة مما يتطلب المزيد من الموظفين للإرشاد والرقابة. ولأخلاق الموظفين ونزاهتهم واخلاصهم اثر في حجم النفقات العامة. فعند التزام النزاهة والحرص على الأموال العامة يؤدي ذلك إلى خفض النفقات العامة. أما إذا انتشرت السرقة والرشوة واستغلال المناصب الإدارية فهذا يؤدي إلى ازدياد النفقات العامة. هذا فضلا عن التوسع في انشاء الوزارات والادارات العامة وما يتبع ذلك من مكاتب وأثاث وسيارات ومباني ووظائف إضافية هامشية... كل ذلك يؤدي إلى زيادة النفقات العامة.

خامسا: الأسباب المالية

تتمثل هذه الأسباب فيما يأتي:

١. **سهولة الاقتراض:** أن تطور سوق الائتمان وما تقدمة الدولة من امتيازات للمقرضين مثل الاعفاء من الضرائب وعدم الحجز وسيولة السندات جعل لديها قدرة كبيرة في الحصول على القروض العامة التي تمكن الدولة من التوسع في الانفاق. ويترتب على هذه القروض في السنوات القادمة تحمل الدولة لنفقات اضافية هي تسديد الدين وفوائدة.

٢. **وجود فائض من الإيرادات العامة:** يؤدي وجود هذا الفائض إلى إغراء الحكومة بانفاقه في مجالات غير ضرورية وبذلك تزداد النفقات العامة ومن الصعوبة انقاص النفقات العامة في السنوات اللاحقة بسبب مرونة الانفاق العام ارتفاعا وعدم مرونته انخفاضا. وتبرز خطورة هذا الوضع عندما تستوجب السياسة الاقتصادية والمالية الرشيدة خفض النفقات العامة لمكافحة التضخم مثلا(١).

سادسا: الأسباب العسكرية

أن تحقيق الأمن والاستقرار الداخلي والخارجي من اهم وظائف الدولة قديما وحديثا. وهذا يتطلب نفقات عامة لشراء الاسلحة والمعدات وبناء المصانع الحربية ودفع رواتب العسكريين ومكافآتهم التقاعدية... كما أن التقدم التكنولوجي وسباق التسلح والصراعات الأقليمية أدت إلى سعي الدول لامتلاك الجديد في هذا المجال لتحافظ على أمنها ومصالحها من الاعتداء الخارجي. وهذا

(١) محمد وديع،دراسات في المالية العامة، دار المعارف بمصر، القاهرة ١٩٦٦، ص٥٣-٥٥.

أمر مهم ولابد منه وشرط ضروري لحصول النمو الاقتصادي والاجتماعي.

أن النفقات العسكرية تزداد زيادة كبيرة اوقات الحرب وتنخفض اوقات السلم إلا أن هذا الانخفاض لا يكون بنسبة ذلك الارتفاع بسبب قانون فاجز. وفي الوقت الحاضر يشكل الانفاق العسكري من ١٠-١٥% من الناتج القومي الاجمالي في الدول المتقدمة ويتجاوز ٣٠% من الناتج القومي الاجمالي في بعض الدول النامية[1].

٢-٥-٢-٢: الزيادة الظاهرية للنفقات العامة:

يقصد بها زيادة كمية النفقات العامة من غير أن يصاحبها زيادة - كمية أو نوعية - في نصيب الفرد من الخدمات المقدمة من قبل الدولة.

٢-٥-٢-٢-١: أسباب الزيادة الظاهرية:

هناك عدة أسباب لهذه الزيادة أهمها:

أولا: اتساع إقليم الدولة وزيادة السكان

عند ما تزداد مساحة الدولة تزداد معها الخدمات المقدمة وتزداد النفقات العامة تبعا لذلك. يحدث هذا في حالة اتحاد دولتين أو تحرير ارض محتلة. كما أن زيادة السكان تتطلب من الدولة تقديم خدماتها للزيادة السكانية بالحجم والنوع نفسيهما اللذان يقدمان للسكان قبل حصول الزيادة. كما أن هيكل السكان يؤثر في حجم النفقات العامة. فعند زيادة نسبة الاطفال في سن التعليم يقود إلى

---

(١) فؤاد مرسي، الرأسمالية تجدد نفسها: سلسلة كتب عالم المعرفة، مطابع الرسالة ١٩٩٠، ص٤٦٤.

زيادة في الانفاق على التعليم. وزيادة عدد كبار السن يزيد من الرواتب التقاعدية فضلا عن ذلك فان ارتفاع معدل العمر يقود إلى زيادة في العائد المتوقع من الاستثمار في التعليم. ومن هنا يمكن تبرير الزيادة الحاصلة في النفقات العامة من هذا المجال.

ثانيا: تغير قيمة النقود

يعد انخفاض قيمة النقود سمة تشترك فيها الاقتصادات كافة، منذ خروجها من قاعدة الصرف بالذهب، مما حدا بالبعض إلى القول بانها ظاهرة لصيقة بالحياة الاقتصادية، ويرجع انخفاض القوة الشرائية للنقود إلى ظاهرة لصيقة بالحياة الاقتصادية هي ظاهرة التضخم - والتي تعني ارتفاع المستوى العام للأسعار- والذي ينجم عنه زيادة عدد الوحدات النقدية المدفوعة مقابل الحصول على كمية معينة من السلع والخدمات. والتي كان من الممكن الحصول عليها بعدد اقل من الوحدات النقدية قبل التضخم - ارتفاع الأسعار - ومن هنا فان ارتفاع الأسعار يستدعي المزيد من الانفاق العام على القدر نفسه من السلع والخدمات. وهذا يعني أن انخفاض قيمة النقود يؤدي إلى زيادة في النفقات العامة زيادة ظاهرية في جزء منها. وهذه الزيادة تعتمد على حجم الانخفاض في قيمة النقود. ويعني ذلك أن الزيادة في النفقات العامة سببها ارتفاع الأسعار لا زيادة كمية السلع والخدمات التي اشترتها الدولة أو ما انتجت من سلع عامة. ولذا يجب عند مقارنة النفقات العامة ولاسيما بين الفترات المتباعدة أن تعدل الارقام بحيث تستبعد التغييرات التي طرأت على القوة الشرائية للنقود. ويكون ذلك من خلال

استخدام الارقام القياسية لمستوى الأسعار. ولاستخراج الزيادة الحقيقية في النفقات العامة واستبعاد الزيادة الظاهرية الناتجة عن ارتفاع المستوى تخدم المعادلة الآتية[1]:

$$\text{الزيادة الحقيقية في النفقات العامة} = \frac{\text{النفقات العامة بالأسعار الجارية}}{\text{المستوى العام للأسعار}} \times 100$$

ثالثا: التغير في القواعد المالية المتبعة (الفن المالي)

يؤدي تغيير القواعد الفنية في اعداد الحسابات العامة أحيانا إلى الزيادة ظاهرية في النفقات العامة. فعند الانتقال من نظام الموازنة الصافية إلى نظام الموازنة الاجمالية أي عدم إجراء مقاصة بين ايرادات ونفقات الوحدة الحسابية الحكومية أو بمعنى آخر تطبيق مبدأ عمومية الموازنة، تتضخم أرقام النفقات العامة. إلا أن ما يحصل يكون مؤقتا ويظهر فقط في حسابات السنة التالية لحصول التغير في القواعد المالية المتبعة. لذلك فهي زيادة ظاهرية ليس إلا.

هناك ملاحظة عامة يجب التنبيه عليها وهي أن زيادة النفقات العامة ليس بالضرورة أن يصاحبها زيادة في عبء الضرائب. وذلك لأنه ينجم عن زيادة النفقات زيادة في الثروة القومية والدخل القومي. وهذا يعني اتساع اوعية الضرائب مما يؤدي إلى زيادة حصيلة الضرائب من غير الحاجة إلى زيادة أسعارها. ومن الملاحظ في الدول المتقدمة أن زيادة النفقات العامة تسير جنبا إلى

(١) عادل فليح العلي، طلال محمود، ج١،مصدر سابق، ص١٥٢.

جنب مع زيادة الثروة القومية وارتفاع الدخل القومي. لذلك لا تؤثر زيادة النفقات العامة في زيادة عبء التكاليف العامة. وحتى لو فرض وزاد ما تقتطعه الدولة من الدخل القومي لتمويل ما تقدمه من خدمات، فليس من الضروري أن يترتب على ذلك زيادة العبء الحقيقي على المكلفين بل قد يقل. على الرغم من زيادة العبء الظاهري وذلك بسبب ما تقدمه الدولة من خدمات عامة تشكل دخولا اضافية ضمنية للأفراد[١].

(١) محمود رياض عطية، مصدر سابق، ص١٠٠.

المبحث السادس

٢-٦: الآثار الاقتصادية للنفقات العامة

تحتل الآثار الاقتصادية للنفقات العامة اهمية كبيرة في الوقت الحاضر. وذلك بسبب توسع وتطور وظائف الدولة. إذ اخذت تتدخل في الحياة الاقتصادية لتحقيق أهداف اقتصادية واجتماعية ولتبيان هذه الآثار سوف نقسمها على قسمين من الآثار: الأولى الآثار الاقتصادية المباشرة والثانية الآثار غير المباشرة:

٢-٦-١: الآثار الاقتصادية المباشرة للنفقات العامة:

هي تلك الآثار التي تحدثها النفقات العامة بصورة فورية واولية. وتطول هذه الآثار عدة متغيرات اقتصادية سنتناولها على الترتيب الآتي[1]:

٢-٦-١-١: الآثار الاقتصادية المباشرة للنفقات العامة على الدخل القومي:

من المعروف أن مستوى الدخل القومي يرتبط بحجم الانفاق القومي (يتكون في الانفاق الاستهلاكي والاستثماري والانفاق العام والانفاق الخارجي) ولما كان الانفاق العام هو احد مكونات الانفاق القومي كان له اثر على حجم الدخل القومي يتمثل في أن الانفاق العام يزيد من حجم الموارد الاقتصادية ويرفع من درجة تأهيلها وتنظيمها بوصفها من اهم العوامل المحددة للطاقة الإنتاجية لأي مجتمع. إلا أن مدى هذا التأثير يعتمد على عدة أمور وكما يأتي:

---

(١) شريف رمسيس تكلا، الاسس الحديثة لعلم مالية الدولة، دار الفكر العربي ١٩٧٨، ص٦٩-٨٠.

أولا: وسيلة تمويل الانفاق العام

لتتبع آثار الانفاق العام على الدخل القومي علينا أن نعرف الوسيلة التي مول بها هذا الانفاق. لان لكل وسيلة آثارا تختلف عن الأخرى وكما يأتي:

١- إذا مولت الحكومة الانفاق العام من الإيرادات غير العادية مثل القروض والإصدار النقدي الجديد... فإن ذلك يؤدي إلى خلق قوة شرائية جديدة تسهم في زيادة الانفاق الكلي ورفع مستوى الطلب الكلي. ويتبع ذلك زيادة في الإنتاج القومي أي ارتفاع في الدخل القومي. يصح هذا التحليل فقط في حالة وجود طاقات إنتاجية عاطلة في الاقتصاد القومي إذ يسهم الانفاق العام في تشغيلها. أما في حالة عدم وجود مثل هذه الطاقات فان الانفاق العام الممول بهذه الوسيلة يسهم في رفع الأسعار واحداث التضخم.

٢- إذا مولت الحكومة الانفاق العام من الإيرادات العادية مثل الضرائب والرسوم. فان هذا الانفاق لا يؤثر كثيرا على مستوى الدخل القومي. لأنه لا يسهم في خلق وسائل دفع جديدة انما يقتصر على تحويل جزء من القوة الشرائية في بعض الأفراد إلى آخرين. ومن ثم فان حجم الانفاق الكلي لا يتغير بشكل محسوس، كما أن الدخل القومي لا يبتعد كثيرا عن مستواه الاصلي.

وان تأثير الانفاق العام الممول بالإيرادات العادية يعتمد على نوع هذه الإيرادات. فاذا مول عن طريق فرض الضرائب غير المباشرة على استهلاك السلع الضرورية فان هذا يؤدي إلى ارتفاع الأسعار وخفض القوة الشرائية للطبقات ذات الدخل المنخفض والتي تتميز بميل حدي مرتفع الاستهلاك. وهذا

يعني انخفاض انفاقها الاستهلاكي الذي يسهم في تخفيض الانفاق الكلي ومـن ثـم خفض الدخل القومي. أما إذا مولت الحكومة انفاقها الجديد عن طريق فرض ضرائب دخل تصاعدية فإنها سوف تصيب الاغنياء ويدفعونها من مدخراتهم ولا يتأثر انفاقهم الاسـتهلاكي بشيء. ومثـل هذا التمويل يسهم في زيادة الانفاق الكلي ومن ثم رفع مستوى الدخل القومي.

ثانيا: وجهة الانفاق العام

إذا استخدم هذا الانفاق لزيادة الخـدمات العامـة المقدمـة للطبقات الفقيـرة فان هـذا يؤدي إلى رفع دخول هذه الطبقات ومن ثم زيادة انفاقها وبالتالي زيادة الانفاق القومي فرفع مستوى الدخل القومي. أما استخدم الانفاق العام لتلبية مطالب الطبقات الغنيـة, فان الانفاق العام سوف لـن يـزداد بشكـل ملمـوس بسبب أن هـذه الطبقات تمتـاز بميـل حدي منخفض للاستهلاك وعدم زيادة الانفاق العام تعني أن مستوى الدخل القومي لن يرتفع.

ثالثا: نوع الانفاق العام

هناك نوعان من الانفاق العام الاول انفاق استثماري والثاني انفاق استهلاكي. ولكـل نـوع تأثيره الخاص على الدخل القومي وكما يأتي:

١- **النفقات العامة الاستثمارية**: وهي النفقات المخصصة لتكوين رؤوس الأمـوال مثل انشـاء السدود وبناء المصانع... وهـذه تسـاعد علـى رفـع الإنتاجيـة القوميـة, وتسـهم في تحقيـق الوفورات الخارجية للمشاريع الإنتاجية ممـا يسـاعد علـى خفـض تكاليف الإنتاج وهـذا يساعد على نمو وتوسع قطاع الإنتاج أو بمعنى آخر نمو الدخل القومي.

٢- **النفقات الاستهلاكية:** تشمل النفقات الأخرى كالتعليم والصحة والتحويلات الاجتماعية... تساعد هذه النفقات على تحسين المستوى المعاشي للأفراد ورفع مستواهم الثقافي والصحي والعلمي... وهذا يسهم بشكل فعال في رفع إنتاجيتهم ومن ثم زيادة الإنتاج القومي فرفع مستوى الاستهلاك القومي.

٢-٦-١-٢: الآثار الاقتصادية المباشرة للنفقات العامة على الاستهلاك القومي:

تسهم النفقات العامة في زيادة الاستهلاك القومي وذلك من خلال[1]:

أولا: شراء الدولة للسلع الاستهلاكية

لغرض القيام بواجباتها تحتاج الدولة إلى شراء سلع استهلاكية كثيرة ومتنوعة مثل الاثاث والسيارات والمواد الغذائية... الخ. فالدولة مستهلك كبير في الاقتصاد لذلك يكون للنفقات العامة تأثير مباشر في رفع حجم الاستهلاك القومي.

ثانيا: قيام الدولة بتوزيع الدخول

تدفع الدولة الدخول لمن تشتري خدماتهم كالموظفين والعمال... وكذلك تدفع رواتب تقاعدية واعانات... أن جزءا كبيرا من هذه الدخول يذهب إلى الاستهلاك مما يساهم في رفع مستوى القومي.

---

(١) نوزاد الهيتي، مقدمة في المالية العامة، جامعة الفاتح طرابلس، ١٩٩٧، ص٧١.

٢-٦-١-٣: الآثار الاقتصادية المباشرة للنفقات العامة على الادخار القومي:

يمكن تتبع الآثار الاقتصادية للنفقات العامة على الادخار القومي من خلال[1]:

أولا: اثر النفقات في الدخل القومي: حيث يسهم الانفاق العام في رفع مستوى الدخول. وهذه الدخول تقسم بين الاستهلاك والادخار فكلما ارتفع دخل الفرد زاد ما يخصصه للادخار. وبذلك يزداد الادخار القومي.

ثانيا: اثر النفقات العامة في الميل للادخار: الانفاق الاستهلاكي العام يسهم في تقديم خدمات مجانية أو بأسعار مناسبة كالتعليم والصحة... واثمان هذه الخدمات هي عبارة عن دخول اضافية لالأفراد تسهم في رفع دخولهم مما يمكنهم من رفع ما خصص للادخار من الدخل. والتأثير نفسه يكون للاعانات الاقتصادية التي تقدمها الدولة لغرض خفض الأسعار.

٢-٤-١-٤: الآثار الاقتصادية المباشرة للنفقات العامة على الاستخدام:

من مهام الدولة الرئيسة في الوقت الحاضر سعيها للحفاظ على حالة الاستخدام التام لعناصر الإنتاج جميعها. ومكافحة الكساد والبطالة وكذلك التضخم وارتفاع الأسعار. ففي حالات الكساد والبطالة تزيد الدولة من نفقاتها العامة لكي ترفع من الطلب الكلي ويتم ذلك من خلال زيادة الانفاق الاستثماري والاستهلاكي... وهذا يعني توزيع دخول جديدة تأخذ طريقها في شراء السلع والخدمات وهكذا ينشط الجهاز الإنتاجي للاقتصاد ويتم القضاء

(١) نفس المصدر السابق، ص٧٢ .

على الكساد والبطالة. أما في حالة الانتعاش الاقتصادي وزيادة الـدخول فقـد يتجـاوز الطلب الكلي العرض الكلي مما يتسبب في ارتفاع الأسعار وحصول التضخم. في هذه الحالة تعمل الدولة على التقليل من نفقاتها العامة للتقليل من الطلب الكلي بحيث يتلائم مع العـرض الكـلي وتعود الأسعار إلى سابق عهدها.

٢-٦-١-٥: الآثار الاقتصادية المباشرة للنفقات العامة على توزيع الدخل القومي

للنفقات العامة اثار مباشرة في مجال اعادة توزيع الـدخل بـين فئـات وافراد المجتمـع. وعادة ما تكون هذه العملية لصالح اصحاب الدخول المنخفضة على حسـاب اصحـاب الـدخول المرتفعة ويتم ذلك من خلال عدة صور للنفقات العامة منها:

أولا: تقديم اعانات مباشرة على شكل معاشات للمتقاعدين واعانات البطالة والشيخوخة.

ثانيا: الانفاق على الخدمات الأساسية في المجتمـع مـما يجعلهـا تقـدم مجانـا للمـواطنين مثل التعليم المجاني والخدمات الصحية.

ثالثا: تقديم سلع وخدمات باقل من أسعار تكلفة إنتاجها وذلك لضرورتها مثل الكهرباء والماء والهاتف والنقل كل هذه الاعانات أو النفقات التحويلية تساهم في رفع مستوى دخـول الأفراد والاسر ذوي الدخول المنخفضة. واذا ما علمنا أن هـذه النفقـات تمـول عـن طريـق فرض الضرائب المباشرة التصاعدية. والتي تعمل على خفض مستوى دخول اصحاب

الدخول العالية. فان الفجوة بين الاغنياء والفقراء سوف تضيق.

٢-٦-٢: الآثار الاقتصادية غير المباشرة للنفقات العامة:

تحدث هذه الآثار على الدخل القومي بشكل غير مباشر وعلى وفق آليتين الأولى هي المضاعف والثانية هي المعجل وكما ياتي:

٢-٦-٢-١: المضاعف:

النفقات العامة هي عبارة عن توزيع دخول لاصحاب عوامل الإنتاج على شكل اجور وربح وفوائد. فاذا ما زادت النفقات بمقدار معين فان هذه الزيادة سوف تتحول إلى دخول لاصحاب عوامل الإنتاج. وهؤلاء سوف لن يحتفظوا بها بل ينفقون جزءا منها. ويتحدد هذا الجزء بما يسمى الميل الحدي للاستهلاك (mpc). هذا الجزء المنفق سيكون دخولا لاخرين وبدورهم يتصرفون بها وبالنسبة نفسها كما تصرف بها الفريق الاول. وهكذا تحدث لدينا سلسلة من الزيادات في الدخول تفوق الزيادة الأولية الناشئة من زيادة الانفاق الحكومي. إلا أن كل حلقة تكون اقل من سابقاتها إلى أن تتلاشى. ولتوضيح الية عمل المضاعف نضرب المثال الآتي:

نفرض أن الدولة قامت بانفاق ١٠٠ مليون دينار وكان الميل الحدي للاستهلاك ٠،٨ فان اثار هذا الانفاق في زيادة الدخل القومي وعبر الية المضاعف ستكون كما في الجدول الآتي:

الزيادة الأولية في الانفاق	الزيادة في الدخل	الزيادة التالية في الانفاق الاستهلاكي	الزيادة في الادخار
١٠٠	١٠٠	٨٠	٢٠
	٨٠	٦٤	١٦
	١٠٠	٥١،٢	١٣،٨
	٨٠	٤١	١٠،٣
	٦٤	٣٢،٨	٨،٢
	٥١،٢	٢٦،٢	٦،٦
	٤١	٢،١	٥،٢
	٣٢،٨	١٦،٨	٤،٢
	٢٦،٢	١٣،٤	٣،٤
	٢١	١٠،٧	٢،٧
	١٦،٨	٨،٦	٢،١
	١٣،٤	٨٨،٦	٧٢،١
	١٠،٧	.	.
	٨،٦	.	.
	.		
	.		
١٠٠	٥٠٠	٤٠٠	١٠٠

نلاحظ أن هذه الزيادة الأولية في الانفاق(١٠٠مليون) ادت إلى زيادة اجمالية في الدخل مقداراها (٥٠٠ مليون) دينار. وتستخرج قيمة المضاعف حسب المعادلة الآتية:

$$\text{مضاعف الانفاق} = \frac{\text{التغير في الدخل}}{\text{التغير في الانفاق}}$$

$$\text{ويساوي في المثال السابق} \quad \frac{\text{٥٠٠-٠}}{\text{١٠٠-٠}} = \text{٥٠}$$

وإذا ما علمت قيمة الميل الحدية للاستهلاك فان قيمة المضاعف تستخرج حسب الصيغة الآتية:

$$\text{المضاعف} = \frac{1}{\text{١- الميل الحدي للاستهلاك}}$$

أن آلية عمل المضاعف تتطلب توفر عدة افتراضات مثل وجود اقتصاد صناعي يتميز بقدر كبير من المرونة في منحني العرض الكلي. ووجود طاقات عاطلة في صناعة السلع الاستهلاكية. ووجود مرونة في المعروض من رأس المال العامل اللازم لزيادة حجم الإنتاج... لهذه الأسباب فان آلية المضاعف لا تعمل في البلدان النامية. بل تؤدي زيادة الانفاق الممول عن طريق عجز الموازنة إلى ارتفاع في المستوى العام للأسعار بمعدل اكبر من معدل الزيادة في الإنتاج والاستخدام[1].

(١) صقر احمد صقر، النظرية الاقتصادية الكلية، ط٢، وكالة المطبوعات، الكويت ،١٩٨٣، ص٢٠٤ .

٢-٦-٢-٢: المعجل:

أن الزيادة في الانفاق على السلع الاستهلاكية تؤدي إلى زيادة حجم الدخل والاستخدام وهذا هو اثر المضاعف. وهذا الاخير يدفع بالمنتجين إلى التوسيع في طاقاتهم الإنتاجية أي زيادة استثماراتهم التي تتمثل بزيادة طلبهم على السلع الإنتاجية(المكائن والالات). أن التوسع في إنتاج وسائل الإنتاج(المكائن والمعدات) هو ما يسمى باثر المعجل وهذا هو الاخر اثر غير مباشر للانفاق الأولي.

فالمعجل اذن يبين نسبة التغيير في الاستثمار إلى التغيير في الاستهلاك

$$\text{أي أن المعجل} = \frac{\text{التغير في الاستثمار}}{\text{التغير في الاستهلاك}}$$

أن اثر المعجل يحدث فقط في حالة زيادة الاستهلاك وما يتبعها من زيادة في الطلب على السلع الرأسمالية. أما إذا لم تحدث أي زيادة فان إنتاج السلع الرأسمالية سوف يقتصر على ما يحتاج اليه لغرض تعويض ما يندثر منها[1].

(١) عبد المنعم السيد علي، مدخل في علم الاقتصاد, مبادىء الاقتصاد الكلي، الجامعة المستنصرية، بغداد١٩٨٤، ص٨٤ .

المبحث السابع

٢-٧: المؤشرات الكمية لقياس الآثار الاقتصادية للنفقات العامة:

لقياس الآثار الاقتصادية للنفقات العامة يستعان بالمؤشرات الآتية[1]:

٢-٧-١: الميل المتوسط للنفقات العامة:

يعبر هذا المؤشر عن نسبة النفقات العامة إلى الدخل القومي. ويصاغ بالشكل الآتي:

$$\text{الميل المتوسط للنفقات العامة} = \frac{\text{النفقات العامة لسنة ما}}{\text{الدخل القومي للسنة نفسها}}$$

ويعبر هذا المؤشر عن درجة تدخل الدولة في النشاط الاقتصادي والاجتماعي, فكلما ارتفعت قيمته دلت على زيادة تدخل الدولة في الحياة الاقتصادية والاجتماعية وبالتالي زيادة مسؤوليتها في هذا المجال.

٢-٧-٢: الميل الحدي للانفاق العام:

يوضح الميل الحدي للانفاق ذلك الجزء من الزيادة في الدخل القومي الذي يذهب إلى الدولة لتستخدمه لإشباع الحاجات العامة. فهو اذن يكشف عن معدل التغير في الانفاق العام عندما يتغير الدخل القومي بمقدار وحدة واحدة. ويمكن احتساب هذا المؤشر باستخدام الصيغة الآتية:

---

(١) نوزاد الهيتي, مصدر سابق، ص٨١ .

$$\text{الميل الحدي في الانفاق العامة} = \frac{\text{التغير في النفقات العامة}}{\text{التغير في الدخل القومي}}$$

تكون قيمة الميل الحدي للانفاق العام ما بين الصفر والواحد الصحيح. وكلما ارتفعت قيمة هذا المؤشر دلت على تزايد اهتمام الدولة في إشباع الحاجات العامة لأنها تخصص لها نسبة مرتفعة من كل زيادة في الدخل القومي.

ويستخدم هذا المؤشر بين الدول وكذلك للمقارنة بين فترات متعددة للدولة[1] نفسها.

٢-٧-٣: المرونة الدخلية للنفقات العامة:

يقيس هذا المؤشر مدى استجابة النفقات العامة للتغيرات في الدخل القومي. ويحتسب على وفق الصيغة الآتية:

$$\text{المرونة الداخلية للنفقات العامة} = \frac{\text{التغير النسبي في النفقات العامة}}{\text{التغير النسبي في الدخل القومي}}$$

ويمكن التعبير عن هذا المؤشر كذلك بالصيغة الرياضية الآتية:

$$\text{المرونة الداخلية للنفقات العامة} = \frac{\text{الميل الحدي للنفقات العامة}}{\text{الميل المتوسط للنفقات العامة}}$$

(١) طلال محمود كداوي، الاتجاهات العامة للنفقات الاعتيادية في العراق، مجلة تنمية الرافدين، العدد ٤ السنة ٩، ١٩٧٨، ص١٥٥ .

أن القيمة العددية لمعامل المرونة الداخلية يعبر عن مدى استجابة النفقات العامة للتغيرات في الدخل القومي. فاذا كانت قيمته اكبر من الواحد الصحيح دل ذلك على أن الاستجابة عالية. في حين تكون الاستجابة ضعيفة إذا كانت القيمة أقل من الواحد الصحيح.

٢-٧-٤: نصيب الفرد من النفقات العامة:

يدل هذا المؤشر على نصيب كل فرد من السكان من النفقات العامة ويحتسب على وفق الصيغة الآتية:

$$ \text{نصيب الفرد من النفقات العامة} = \frac{\text{النفقات العامة}}{\text{عدد السكان}} $$

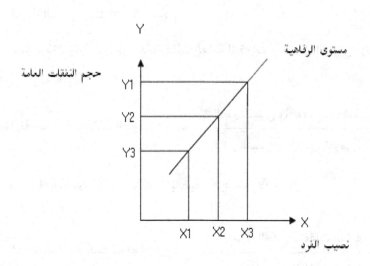

نلاحظ من هذا الشكل انه كلما زاد نصيب الفرد من النفقات العامة ارتفع مستوى الرفاهية التي يتمتع بها.

الفصل الثالث
الإيرادات العامة

الفصل الثالث
الإيرادات العامة

يتناول هذا الفصل المباحث الآتية:

المبحث الاول: ايرادات الدولة من أملاكها (الدومين).

المبحث الثاني: الرسوم.

المبحث الثالث: الضرائب.

المبحث الرابع: القروض العامة.

المبحث الخامس: الإصدار النقدي الجديد.

المبحث السادس: الإيرادات الأخرى.

المبحث الاول

٣-١: ايرادات الدولة من أملاكها DOMAINE

تحصل الدولة على جزء من ايراداتها مـن غلـة الأمـوال التـي تملكهـا. وتتوقـف الاهميـة النسبية لهذه الإيرادات على النظام الاقتصادي السائد وعـلى درجـة تطـور دور الدولة ومـدى تدخلها في الاقتصاد. وقد شاع استخدام لفظة الـدومين في الدراسـات الماليـة عـلى أمـلاك الدولـة. ويقسم الدومين على نوعين هما:

٣-١-١: الدومين العام:

يتكون من أموال الدولـة المعـدة للاسـتعمال العـام كـالطرائق العامـة والمـوانئ والانهـار والمتاحف... الخ. تخضع هذه الاملاك للقانون الإداري, ولا يجوز بيعها أو الاستيلاء عليها من قبـل الأفراد. وعادة لا يغل هذا النوع إيرادا للدولة. إلا انه في بعـض الاحيـان تفرض الدولـة بعـض الرسوم على المستفيدين من هذه الاملاك لغرض تنظيم استغلالها.

٣-١-٢: الدومين الخاص:

يتكون من أموال الـدولة المعـدة للاسـتغلال التجاري مثـل المصـانع والفنـادق ووسـائط النقل... وتخضع هذه الاملاك للقانون المدني, حيث تستطيع الدولة بيعها أو ايجارها... وعادة مـا تغل هذه الاملاك ايرادات عامة للدولة. ويكون الدومين الخاص على عدة انواع هي:

٣-١-٢-١: الدومين العقاري:

يتكون من الاراضي الزراعية والغابات والمناجم والابنية... وتختلف

الاهمية النسبية لإيراد الدومين العقاري حسب تطور دور الدولة. وقد تناقصت أهميـة الدومين العقاري في ايرادات الدولة الحديثة بعد أن كانـت لـه الاهميـة الأولى في السـابق. في مـا يخص الاراضي الزراعيـة اخـذت الدولـة بالتخلي عنهـا للمـواطنين عـن طريـق البيـع أو التوزيـع المجاني. لأنها رأت في ذلك خيرا لها. فهي تحصـل عـلى الـثمن وتفرض الضـرائب عـلى المنتجـات الزراعية. ويرى البعض أن على الدولة أن تتخلى عن الدومين العقاري بسبب انخفاض إنتاجيتـه وسوء الادارة الحكومية وقلة العائد وانعدام الدوافع لاستصلاح الاراضي الزراعيـة... وعـلى الدولـة أن تتفرغ لما هو اهم من الوظائف وتترك هذا النشاط للقطاع الخاص.

أما ما يخص الغابات فاغلب الدول ابقتها تحت إدارتها, وذلك لاسباب منهـا أن ادارتهـا لا تحتاج إلى كلفة أو خبرة عالية. وكذلك دورة حياة الغـابات اطول بكـثير من دورة حيـاة الأفـراد, فلو تملكها شخص ما فانه قد يفنيها بالقطع أو تحويل أراضيها إلى استخدام اخر. هذا فضلا عـن أن للغابات اهمية بيئية حيث تساهم في توسيع المساحات الخضراء وهـي تلطـف الجـو وتكـون مصدات للرياح... وقد تكون لها أهمية أمنية وعسكرية... هذه الاعتبارات لا تهم الأفراد بل تهـم الدولة, لذلك تبقى الغابات تحت ادارة الدولة وتبيع أخشابها بشكل لا يـؤثر عـلى استمراريتها وتحقق من ذلك إيرادا للخزانة العامة.

أما المعادن والمناجم فان اغلب الدول تبقيها تحت سيطرتها لان استغلالها يتطلب خبرة عالية وإمكانيات كبيرة. ومراعاة لمصلحة الاجيال اللاحقة. هذا إضافة إلى أن الاستثمار في الثروة الاستخراجية كالنفط والمعادن ذات عائد مالي كبير من الأولى والافضل أن يعم خيره جميع أفراد المجتمع عن طريق قيام الدولة بهذا الاستثمار. وقد تدير الدولة هذه الثروة بشكل مباشر أو تؤجرها أو تمنح

امتيازات لاستغلالها... أو أي صيغة أخرى تحقق للدولة ايرادات مالية مع مراعاة الأهداف الأخرى.

٣- ١-٢-٢: الدومين الصناعي والتجاري:

يتكون من المشاريع الصناعية والتجارية التي تملكها الدولة وقد توسع هذا النوع من الدومين لعدة اعتبارات منها[1]:

أولا: الاعتبارات المذهبية

تتمثل بسيادة المذهب التدخلي في الانظمة الرأسمالية واتساع وظائف الدولة الاقتصادية والاجتماعية. واصبحت دولة متدخلة بعد أن كانت دولة حارسة.

ثانيا: الاعتبارات الاقتصادية

تملك الدولة لبعض المشاريع الصناعية والتجارية لأسباب منها ضخامة الاستثمارات المطلوبة مع عجز القطاع الخاص عنها كالصناعات النووية والنفطية أو الصناعات ذات المردود الواطئ التي تحتاج إلى فترة حمل طويلة ولا يسترد رأسمالها إلا بعد مدة طويلة بحيث لا يقدم عليها القطاع الخاص أو المشاريع ذات الاهمية الاستراتيجية والتي تهم الأمن القومي والتي تحتاج إلى نفقات عالية لأغراض البحث والتطوير والصناعات الرائدة والجديدة.

ثالثا: الاعتبارات الاجتماعية

قد تسيطر الدولة على مشاريع معينة رغبة منها في تقديم خدمات هذه

(١) نوزاد الهيتي، مصدر سابق، ص٩١.

المشاريع لأكبر عدد من أفراد المجتمع، وذلك لأهميتها للمواطن ولعدم تمكين القطاع الخاص من احتكارها ومن ثم بيع منتجاتها بأسعار تضر برفاهية المواطنين مثال ذلك مشاريع الكهرباء والبريد والاتصالات وتجارة الأدوية.

رابعا: الاعتبارات المالية

قد يكون الهدف ماليا محضا. إذ تقوم الدولة بانشاء المشاريع الاقتصادية بهدف تحقيق إيراد مالي للخزانة العامة.

٣-١-٣-٣: الدومين المالي:

يتمثل في ما تملكه الدولة من اوراق مالية(أسهم وسندات ومصارف تجارية)والتي تحقق للدولة ايرادات عامة على شكل أرباح وفوائد. وتستخدم الدولة الدومين المالي لتنفيذ سياساتها المختلفة, إضافة لما يحققه من إيراد مالي للخزانة العامة.

المبحث الثاني

٣-٢: الرسوم FEES

٣-٢-١: تعريف الرسم:

يعرف الرسم بانه (مبلغ من النقود يدفعه الفرد إلى الدولة أو احدى هيئاتها العامة جبرا مقابل نفع خاص يحصل عليه. ويقترن النفع الخاص بنفع عام يعود على المجتمع). ومن هذا التعريف نلاحظ أن للرسم عناصر هي:

٣-٢-١-١: الصفة النقدية:

يدفع الرسم نقدا للدولة وليس عينا. وذلك بسبب سيادة الاقتصاد النقدي وليتلائم مع الصفة النقدية للنفقات العامة.

٣-٢-١-٢: الصفة الجبرية:

يدفع الرسم بصورة جبرية من الشخص طالب الخدمة. وتأتي صفة الاجبار من عدة وجوه, منها أن الرسم يحدد مبلغه من قبل السلطة العامة وليس لطالب الخدمة دور في تحديده. أي ليس عن طريق التعاقد. وكذلك الفرد يكون مجبر على تقبل بعض الخدمات والا عرض نفسه للعقاب أو حرمها من امتيازات مهمة مثال ذلك الحصول على إجازة حمل السلاح أو السياقة أو الحصول على بعض الوثائق الرسمية أو توثيق العقود أو التقاضي...الخ.

ويكون الاجبار والاكراه في دفع الرسم على نوعين هما:

أولا: الاجبار القانوني

حيث يكون الفرد مجبرا على طلب الخدمة ولا خيار له في رفضها كما هو

الحال في دفع رسوم التقاضي ورسم الحصول على الوثائق والمستمسكات الرسمية مثل وثيقة التخرج من الجامعة ورسوم المعالجة في المؤسسات الصحية الحكومية أو رسـوم التعـليم والتسجيل العقاري.

ثانيا: الاجبار المعنوي

يكون الفرد حرا في طلب الخدمة أو رفضها وبالتالي هو حر في دفع الرسم أو عدم دفعـه. مثال ذلك رسم الحصول على جواز سفر ولكـن كثيرا مـن الخـدمات إذا لم يطلبهـا الفرد يعرض نفسه للمساءلة القانونية أو يحرم نفسه من امتيازات مهمة.

٣-٢-١-٣: الرسم يدفع مقابل خدمة خاصة:

يدفع الرسم مقابل خدمة خاصة يحصل عليها الفرد وهذه الخدمة لا تقدم إلا مـن قبـل الدولة. وتكون على صور منها حصول الفرد على خدمة من موظف حكومي مثل القاضي وكاتـب العدل. أو منح امتياز للفرد كرخصة الصيد والسياقة وممارسة مهنة معينة. أو تكون الخدمة على شكل تكاليف تتحملها الدولة كرسوم الارضية.

يترتب على كون الرسم مقابل خدمة أن سعره لا يختلف بـاختلاف المركز المـالي لطالـب الخدمة وكذلك يجب أن يحدد سعر الرسم حسب كلفة الخدمة المقدمة ولا يصح أن يتجاوزهـا وكذلك يجب أن يدفع الرسم الشخص المستفيد من الخدمة لا غـيره. فـاذا قدمت خدمـة لحـي سكني فيدفع الرسم ساكن البيت لا مالكه.

٣-٢-١-٤: اقتران النفع الخاص بالنفع العام:

عندما يدفع الشخص رسما معينا فانه يحصل على منفعة خاصة تعـود عليـه وفي الوقت نفسه يحصل المجتمع على منفعة اجتماعية مثال ذلك عندما يدفع الخصمان رسوم التقاضي فان كلا مـنهما يحصل عـلى حقه وهـذه هـي المنفعة الخاصة. وتسـود العدالـة ويرتـدع الظلمـة والمعتدون على حقوق الآخرين وهذه تمثل منفعة عامة يحصل عليها المجتمع.

٣-٢-٢: تحديد سعر الرسم:

الاصل في الرسوم أنها تمول النفقات العامة التي تستخدم لتقديم الخدمات العامة القابلة للتجزئة أي التي يمكن أن يستفيد منها بعض الأفراد دون غـيرهم. ولا يحـدد سـعر الرسـم عـن طريق المساومة أو التعاقد بين الدولة وطالب الخدمة ولا يحدد على اساس ما يعود علـى طالـب الخدمة من منفعة لأنه لا يمكن اخضاع هذه المنفعة لمقياس موضوعي. لـذا فـان الدولـة تتبـع قواعد معينة عند تحديدها لسعر الرسم وهذه القواعد هي[1]:

٣-٢-٢-١: أن يكون هناك تناسب بين سعر الرسم وكلفة إنتاج الخدمة المقدمة:

ويعرف ذلك من خلال تغطية حصيلة الرسوم لتكاليف ادارة المرفـق العـام الـذي يقـدم الخدمة. هذا التحديد لسعر الرسم يقوم على أساس أن ليس من أهـداف المرفـق العـام تحقيـق ارباح اقتصادية من جراء تقديمه للخدمات العامة.

---

(١) طاهر الجنابي، مصدر سابق، ص١٥٤.

٣-٢-٢-٢: يكون الرسم اقل من نفقة إنتاج الخدمة:

مثل رسم التعليم والصحة... ويكون ذلك بسب أن هذه الخدمات يستفيد منها الفرد والمجتمع معا. لذا من المناسب أن يتحمل تكاليفها الفرد والمجتمع. فالفرد يدفع الرسم والمجتمع يمول الباقي عن طريق الضرائب.

٣-٢-٢-٣: تحديد سعر الرسم بأعلى من كلفة إنتاج الخدمة:

لا يتم ذلك عادة لاسباب مالية بل لرغبة الدولة في تقليل الطلب على بعض الخدمات لاسباب اجتماعية أو سياسية.... وغالبا ما يكون ذلك في الخدمات غير الأساسية. مثال ذلك لتقليل السفر إلى خارج البلد تفرض رسوم بأسعار مرتفعة على طالبي جواز السفر. وحقيقة الأمر أن الفرق بين سعر الرسم وكلفة إنتاج الخدمة يمثل ضريبة مستترة.

٣-٢-٣: الاختلاف بين الرسم والثمن العام:

الثمن العام هو سعر المنتجات التي تبيعها الدولة والذي يحدد على اساس قانون العرض والطلب وهذا يختلف عن الرسم من عدة جوانب هي:

٣-٢-٣-١: يحدد سعر الرسم بقانون.بينما يحدد الثمن العام بقرار اداري.

٣-٢-٣-٢: دفع الرسم يكون مقابل تحقيق نفع خاص مقترن بنفع عام, بينما الثمن العام يدفع مقابل تحقيق نفع خاص فقط.

٣-٢-٣-٣: يحدد الرسم بصورة إجبارية ليس للفرد دور فيه، بينما يحدد الثمن العام بشكل تعاقدي تؤثر فيه ظروف العرض والطلب وموقع المشروع في السوق.

٣-٢-٤: انواع الرسوم:

تكون الرسوم على نوعين هما[1]:

٣-٢-٤-١: الرسوم الصناعية:

مثل رسم البريد والبرق والهاتف والرسوم المفروضة على المصوغات وغيرها...

٣-٢-٤-٢: الرسوم الإدارية:

وتشمل:

أولا: رسوم على الاعمال المدنية التي تؤخذ مقابل منح امتياز خاص مثل منح إجازات البناء والسوق وحمل السلاح... أو الاعفاء من التزام ايجابي مثل بدل الخدمة العسكرية... أو مقابل إعطاء شهادة تثبت لدافع الرسم بعض الحقوق أو الوقائع.

ثانيا: رسوم تتعلق بالحياة العملية كرسوم الدراسة ودخول المتاحف والحدائق العامة والمعارض.

ثالثا: الرسوم القضائية: وتؤخذ من المتنازعين على الحقوق ورسوم كاتب العدل.

---

(١) هشام العمري، ج١، مصدر سابق، ص٧٩.

٣-٢-٥: طرائق جباية الرسوم:

تجبى الرسوم بطريقتين هما[(١)]:

٣-٢-٥-١: الطريقة المباشرة:

تأخذ الدائرة المعنية مبلغ الرسم مباشرة مقابل وصل قبض يسلم لدافع الرسم.

٣-٢-٥-٢: الطريقة غير المباشرة:

مثل وضع طابع على الأوراق الرسمية أو بيع اوراق (استمارات) مختومة بسعر الرسم المطلوب والذي يفوق كلفة الورق.

(١) المصدر نفسه، ص٨٠ .

المبحث الثالث

٣-٣: الضرائب TAXES:

الضرائب من أهم الإيرادات الاعتيادية للدولة الحديثة. ولم تعد الضرائب تشرع لتحقيق أهداف مالية فقط بل أصبحت تستخدم لتحقيق أهداف أخرى سياسية واجتماعية واقتصادية نابعة من فلسفة الدولة. وسوف نناقش الضرائب من خلال الموضوعات الرئيسة:

٣-٣-١: مفهوم الضرائب.

٣-٣-٢: التنظيم الفني للضرائب.

٣-٣-٣: آثار الضرائب:

٣-٣-١: مفهوم الضرائب:

٣-٣-١-١: تعريف الضريبة:

تعرف الضريبة بانها (فريضة مالية نقدية تأخذها الدولة جبرا من الوحدات الاقتصادية حسب مقدرتها التكليفية من غير مقابل وبصورة نهائية, لتمويل النفقات العامة, ولتحقيق أهداف الدولة النابعة من فلسفتها السياسية).

نلاحظ من هذا التعريف أن الضريبة تمتاز بالخصائص الآتية:

أولا: الضريبة فريضة نقدية

تدفع الضريبة نقدا وليس عينا وذلك لصعوبة جباية الأموال العينية من حيث النقل والخزن والمحافظة عليها. وكذلك عدم ملاءمة الضرائب العينية لقواعد العدالة الضريبية فعند فرضها لا تراعي الدولة اختلاف تكاليف الإنتاج

من ممول إلى آخر. وأخيرا عدم ملائمتها لنظام النفقات العامة في الاقتصاد النقدي الحديث.

ثانيا: الضريبة إجبارية

يأتي عنصر الاجبار من أن الدولة هي التي تحدد كل ما يتعلق بالضريبة من حيث وعاؤها ونسبتها ووقت دفعها... واذا امتنع المكلف استحصلت منه جبرا ويعاقب وفق القانون.

ثالثا: مراعاة المقدرة التكليفية

عند تشريع ضريبة ما تراعي الدولة المقدرة المالية للمكلف فكلما اتسع وعاء الضريبة زادت حصيلة الضريبة سواء كانت تؤخذ بأسعار نسبية أو تصاعدية.

رابعا: تدفع الضريبة بدون مقابل وبصورة نهائية

يدفع المكلف الضريبة وهو لا يتوقع الحصول على منفعة مباشرة خاصة به كما في حالة دافع الرسم, بل يدفعها اسهاما في تحمل الاعباء العامة. ويستفيد كبقية المواطنين من الخدمات التي تقدمها الدولة. ولا يحق للمكلف استرجاع الضريبة من الدولة.

خامسا: الضريبة فريضة ذات أهداف

قد تفرض الضريبة لتحقيق أهداف مالية أي لتوفير ايرادات عامة للدولة لتغطية نفقاتها. وقد تفرض لتحقيق أهداف اقتصادية مثل تحقيق التنمية الاقتصادية أو زيادة إنتاج بعض السلع أو تقليل استهلاك بعضها الاخر. وقد تفرض لتحقيق أهداف اجتماعية تتمثل في تحقيق التوازن الاقتصادي

والاجتماعي من خلال إعادة توزيع الدخل القومي لصالح الفئات الأقل دخلا.

٣-٣-١-٢: الاساس القانوني لفرض الضريبة:

يقصد به التكييف القانوني لفرض الضريبة. وقد ظهرت نظريتان تفسران الاساس القانوني لفرض الضريبة هما:

أولا: نظرية العقد المالي

تنطلق هذه النظرية من فكرة العقد الاجتماعي التي جاء بها جان جاك روسو. فكما تنازل الأفراد عن جزء من حرياتهم للدولة في سبيل حماية الجزء الباقي, فانهم تنازلوا أيضا بعقد مماثل عن جزء من أموالهم حماية للجزء الباقي. أما عن طبيعة هذا العقد فقد اختلف انصار هذه النظرية في تكيفه على عدة مذاهب هي:

١- عقد إيجار أعمال:

تدفع الضريبة للدولة بوصفها ثمنا للخدمات التي تقدمها. وعليه يجب أن تتناسب الضريبة مع مقدار ما يعود على الفرد من منافع لا مع مقدرته المالية. وكذلك يجب أن تتوسع الدولة في فرض الرسوم مقابل الخدمات القابلة للتجزئة. وان تقتصر مهمة الضرائب على تمويل الخدمات غير القابلة للتجزئة كالدفاع والأمن والقضاء.

أن هذه النظرية غير صالحة لبيان أساس فرض الضريبة, لأنها لا تفسر حالة دفع الجيل الحالي للضرائب والتي يستخدم قسم منها في تقديم خدمات تستفيد منها الاجيال اللاحقة. ولا تفسر تحمل الاجيال اللاحقة عبء الديون التي استخدمها الجيل السابق. وكذلك لا تفسر هذه النظرية لماذا يستفيد الفقراء من الخدمات العامة أكثر من استفادة الاغنياء مع العلم أن الاغنياء يدفعون

ضرائب أكثر من الفقراء. أن ربط الضريبة بالمنفعة يستوجب قياس مدى استفادة كل فرد من الخدمات العامة غير القابلة للتجزئة وهذا غير ممكن لان كثيرا من هذه الخدمات غير قابلة أصلا للقياس النقدي مثال ذلك لا يمكن قياس نصيب الفرد من خدمة الدفاع والأمن.

٢- الضريبة عقد تامين بين الفرد والدولة:

أي أن الضريبة عبارة عن قسط تأمين مقابل حصول الفرد على الأمن والاطمئنان على أمواله. يترتب على هذا التكيف أن تتناسب الضريبة مع ما يملك المكلف من ثروة لأنها هي المؤمن عليها. هذه النظرية هي الأخرى قاصرة لأنها تقصر وظيفة الدولة على حماية أموال الفرد دون الوظائف الأخرى. كما أن عقد التامين يستلزم تعويض المؤمن له إذا تعرض المؤمن عليه(الأموال) لضرر ما. وهذا ما لا يحصل في حالة الضريبة. فالدولة تكتفي بالحماية ومعاقبة المعتدي أن وجد فقط ولا تقدم أي تعويض.

٣- الضريبة عقد شركة:

يرى آخرون أن هذا العقد هو عبارة عن شركة إنتاج. فالدولة شركة إنتاج كبيرة تتكون من شركاء هم الموطنون ومجلس ادارة تمثله الحكومة. وتقوم هذه الشركة بتقديم خدمات عامة لجميع الأفراد لذا يتعين عليهم الاسهام في تمويل نفقات هذه الشركة. تنتقد هذه النظرية لأنها تستلزم أن ينتفع الاغنياء أكثر من الفقراء لانهم يدفعون الضريبة. والواقع أن العكس هو الصحيح بالرغم من مساهمة الفقراء القليلة أو عدمها. هذا إضافة إلى أن الدولة لا تسعى لتحقيق مصالح مادية فقط بل كذلك مصالح غير مادية لذلك فهي ليست شركة إنتاج.

أن التكييفات السابقة غير صحيحة لأنها تستند إلى نظرية العقد

الاجتماعي وهي غير صحيحة لأنه لم يثبت تاريخيا أن عقد الأفراد هكذا عقد لا صراحة ولا ضمنا. فالدولة ليست تنظيما عقديا بل هي ضرورة اجتماعية لابد منها للمجتمع البشري المتمدن. هذا فضلا عن أن هذه النظرية تستند إلى الفكر الفردي الذي يقدس الملكية الفردية. والضريبة اقتطاع من ملكية الفرد, لذا على الدولة أن لا تتوسع في هذا الاقتطاع, لان بقاء الأموال بيد الفرد أفضل مما هي بيد الدولة إلا بأقل قدر ممكن. وقد أثبتت الاحداث والى حد بعيد خطأ كثير من مسلمات هذا الفكر.

ثانيا: نظرية التضامن الاجتماعي

تقول هذه النظرية أن قيام الدولة ضرورة اجتماعية. لذا يجب تضامن الأفراد كل حسب مقدرته في تحمل أعباء التكاليف العامة. لكي تتمكن الدولة من القيام بواجباتها في تقديم الخدمات العامة لكل المواطنين بغض النظر عن مدى اسهام كل منهم في تحمل تكاليف إنتاج هذه الخدمات. ومن غير العملي أن يترك تحديد حجم اسهام للأفراد انفسهم بل من الافضل أن تحدد الدولة حجم مساهمة كل فرد مسترشدة في ذلك بمقدرته التكليفية. ويترتب على هذه النظرية عدة نتائج هي:

- أن قيام الدولة لم يكن نتيجة لعقد اجتماعي.
- أن فرض الضريبة عمل من أعمال السيادة وتقوم الدولة ومن طرف واحد بتحديد وعائها وسعرها ووقت دفعها.
- يتحدد مقدار الضريبة حسب المقدرة المالية للفرد وليس على أساس ما يعود عليه من منافع.

التضامن مطلوب حتى بين الاجيال المتعاقبة وليس فقط بين أبناء الجيل الواحد. وهذا ما يفسر تحمل الاجيال اللاحقة أعباء قروض استخدمها الجيل السابق. وتحمل الجيل الحالي تكاليف تستفيد من نتائجها الاجيال القادمة.

٣-٣-١-٣: قواعد فرض الضريبة:

هناك أربع قواعد يجب مراعاتها عند فرض ضريبة ما وهي[١]:

أولا: قاعدة المساواة أو العدالة:

تعني وجوب اسهام كل فرد من أفراد المجتمع في تمويل النفقات العامة كل حسب مقدرته. ومن مقتضيات العدالة إعفاء الفقراء من دفع الضرائب.

ثانيا: قاعدة اليقين أو الوضوح:

يجب أن تكون الضريبة واضحة والعلم بها يقيني من حيث وعاؤها وأسعارها ووقت دفعها وهذا يؤدي إلى سهولة في تطبيق النظام الضريبي واستقراره ويجعله أكثر فاعلية في تحقيق أهدافه.

ثالثا: قاعدة الملائمة:

تعني أن يكون وقت جباية الضريبة ملائما للمكلف مثال ذلك أن تجبى ضريبة الدخل بعد انتهاء السنة المالية أو عند تسلمه. وتجبى ضريبة المحاصيل الزراعية بعد جني المحصول. ويتم ذلك لكي لا يشعر المكلف بوطء كبير للضريبة.

(١) حسن عواضة، المالية العامة، دار النهضة العربية للطباعة والنشر، بيروت ١٩٨٣, ص٤٠١ .

رابعا: قاعدة الاقتصاد:

يجب أن تختار طريقة لجباية الضريبة بحيث تكون تكاليف الجباية اقل ما يمكن, مثل الحجز عند المنبع أو الزام المكلف بالحضور إلى دائرة الضريبة في وقت محدد والا تفرض عليه غرامة مالية. هذه القاعدة من شانها أن تعظم الإيراد الصافي للضريبة.

٣-٣-١-٤: مبادئ فرض الضريبة:

أولا: مبدأ المنفعة مقابل مبدأ القدرة على الدفع:

يستند النظام الضريبي على مبدأين أساسيين في فرض الضرائب هما مبدأ المنفعة ومبدأ القدرة على الدفع:

أ- **مبدأ المنفعة**: يؤكد على ضرورة وجود تناسب بين مقدار ما يدفعه المواطنون من ضرائب والمنفعة التي يحصلون عليها من الانفاق الحكومي. فكما يدفع المستهلك قدرا من النقود يتناسب مع ما يحصل عليه من سلع خاصة, كذلك يجب أن يتناسب ما يدفعه من ضرائب مع ما يستخدمه من سلع عامة. فمن يملك سيارة يستخدم الطرائق العامة أكثر ممن لا يملك سيارة. وساكن المدينة تقدم له خدمات عامة أكثر مما تقدم لساكن الريف. لذلك يجب أن يدفع الاول ضريبة أكثر من الثاني.

ب- **مبدأ القدرة على الدفع**: يؤكد على ضرورة وجود علاقة طردية بين ما يدفعه المواطن من ضرائب ودخله. والاخذ بهذا المبدأ يجعل النظام الضريبي يقوم بعملية إعادة توزيع الدخل لصالح الفئات الأقل دخلا. فاذا رغبت الحكومة في الحصول على تمويل لبناء جسر. فاذا تم الحصول على الأموال عن طرائق ضريبة الدخل فهذا يعني انه تم اعتماد مبدأ القدرة على

الدفع. أما إذا قررت الحكومة استيفاء تكاليف بناء الجسر عن طريق فرض رسوم العبور على الجسر فهذا يعني أن النظام الضريبي قد اخذ بمبدأ المنفعة.

٣-٣-١-٥: العدالة الضريبية:

سواء كان النظام الضريبي يسير على مبدأ المنفعة أو على مبدأ القدرة على الدفع فعليه أن ياخذ بمبدأ العدالة في فرض الضريبة وتأخذ العدالة الضريبية عدة صور منها:

أولا : العدالة الافقية

تعني أن المكلفين المتساوين يجب أن يدفعوا ضرائب متساوية فاذا كان النظام الضريبي قائما على مبدأ المنفعة وحصل مواطنان على القدر نفسه من السلع العامة (طرائق ,أمن, عدالة) فعندئذ يقرر مبدأ العدالة الافقية ضرورة قيامهما بدفع ضرائب متساوية. أما إذا كان النظام الضريبي يتبع مبدأ القدرة على الدفع فعندئذ يقرر مبدأ العدالة الافقية أن يدفع أصحاب الدخول أو الثروات المتساوية المقدار نفسه من الضرائب.

ثانيا: العدالة الرأسية

تعني التعامل مع المكلفين ذوي الدخول المتفاوتة بشكل يتناسب مع حجم دخولهم. أي تكون الضرائب تصاعدية. فلو كان هناك شخصان متساويان في كل شيء ما عدا أن دخل الاول ضعف دخل الثاني فهذا يستلزم أن يدفع الاول ضريبة بمقدار ضعف ما يدفع الثاني.

قد يرى البعض بان الضرائب التصاعدية تتضمن نوعا من العقوبة للناس المجدين والمجتهدين والذين يتمكنون بالتالي من تحقيق دخول أعلى من غيرهم.

وللرد على ذلك يقال بان الناجح في الحيـاة وخصوصا في المجـال المـالي لا يحقـق نجاحـه بمفرده بل أن للمجتمع دورا كبيرا في تحقيق هذا النجاح من خلال ما وفره له مـن امـن وتعليـم وخدمات عامة, لذلك يستحق المجتمع جزءا مما يحققه هذا الشخص من عائد أو دخل.

ثالثا: المساواة أمام الضريبة

تتم المساواة أمام الضرائب من خلال مراعاة مقدرتهم عـلى دفـع الضرائـب أي مقـدرتهم الاقتصادية وتقاس هذه المقدرة من خلال ثروة ودخل المكلف. لذلك تكون الضرائب تصاعدية. فكلما زاد الدخل زادت نسبة ما يقتطع منه كضريبة. وعادة ما يـتم اعـتماد الـدخل دون الـثروة كمقياس لمقدرة المكلف.

رابعا: عمومية الضريبة

يقصـد بهـا أن تفـرض الضريـبة عـلى جميـع الاشخاص والأمـوال في المجتمـع مـع بعـض الاستثناءات مثل استثناء رجال السلك الـدبلوماسي والهيئـات العامـة التـي لا تهـدف إلى تحقيـق الربح تشجيعا لها على الاستمرار في نشاطها مثل الجمعيات الخيرية. أما الاستثناء في الأموال فيتم بالنسبة للأموال الصغيرة لصعوبة حصرها وسـهولة التهـرب منهـا. وإعفـاء بعـض الأمـوال لرغبـة الدولة في تنميتها.

خامسا: شخصية الضريبة

يجب أن تراعى الظروف الشخصية للمكلف من حيث الفقر والغنى والاعبـاء الاجتماعية... ويكون ذلك في الضرائب المباشرة وتسمى الضرائب الشخصية، أما الضرائب غير المباشرة فلا تؤخذ ظروف المكلف الشخصية بنظر الاعتبار وتسمى الضرائب العينية. والضرائب الشخصية عادة تراعى ما يأتي:

- إعفاء الحد الادنى للمعيشة.

- إعفاء مقابل الاعباء الاسرية.

- خصم فوائد الديون والضرائب أي إبراء ذمة المكلف قبل احتساب الضريبة.

- التمييز بين الدخول حسب مصادرها. إذ تراعى الدخول المتأتية من العمل أكثر من الدخول المتأتية من رأس المال.

- التصاعد في سعر الضريبة كلما اتسع وعاء الضريبة.

٣-٣-١-٦: الازدواج الضريبي:

أولا: تعريف الازدواج الضريبي

يعرف الازدواج الضريبي بانه خضوع المال نفسه لأكثر من مرة لضريبة من النوع نفسه للشخص نفسه وعن المدة نفسها. لتحقيق العدالة الضريبية يجب تجنب الازدواج الضريبي والذي يتحقق في الحالات الآتية:

- **وحدة المكلف:** أي خضوع الشخص نفسه لاكثر من مرة للضريبة وهذا الأمر واضح بالنسبة للأشخاص الطبيعيين. أما في حالة الاشخاص المعنويين كالشركات المساهمة.فقد تدفع الشركة ضريبة أرباح كشخص معنوي. وعندما توزع الأرباح تفرض عليهم ضريبة ايضا. في هذه الحالة ليس هناك ازدواج من الناحية القانونية. إلا انه يوجد ازدواج من الناحية الاقتصادية لان الضريبة دفعت في الحالتين من أموال المساهمين.

- **وحدة الضريبة:** لكي يتحقق الازدواج الضريبي يجب أن يدفع المكلف الضريبة نفسها عن المال نفسه أكثر من مرة، مثال ذلك يدفع المكلف ضريبة

دخل ثم يدفع ضريبة بسيطة على رأس المال يدفعها من الدخل. هنا يحصل ازدواج اقتصادي وليس قانونيا لان الضريبتين مختلفتان.

- **وحدة المدة:** أي يخضع نفس الوعاء للضريبة نفسها مرتين في السنة مثال ذلك تفرض ضريبة على دخل التاجر العراقي باعتباره مواطنا عراقيا وتفرض ضريبة البلد الذي يعمل فيه على أساس أن الدخل قد تحقق في اقليمه، وذلك في السنة نفسها.

- **مدة الوعاء الضريبي:** تفرض الضريبة نفسها على نفس المال أكثر من مرة في السنة مثال ذلك دفع المكلف لضريبة عن دخله وأخر عن ثروته.

ثانيا: انواع الازدواج الضريبي

يكون الازدواج الضريبي على نوعين هما ازدواج ضريبي داخلي وازدواج ضريبي دولي:

- **الازدواج الداخلي:** يحصل عندما تتحقق شروطه داخل الدولة الواحدة مثل قيام الحكومة المركزية بفرض ضريبة مركزية. وقيام حكومات الولايات بفرض الضريبة نفسها. وقد يكون الازدواج الداخلي مقصودا من قبل المشرع لأغراض منها زيادة حصيلة الضرائب أو محاولة لإخفاء رفع أسعارها أو لتصحيح النظام الضريبي... وقد يكون غير مقصودا وناشئ عن عدم انسجام التشريعات الضريبية أو عدم وجود سلطة عليا تسطير على التشريعات الضريبية. يعالج الازدواج الداخلي غير المقصود من خلال تنسيق التشريعات الضريبية النافذة.

- **الازدواج الدولي:** يحدث عندما تتحقق شروط الازدواج في أكثر من دولة فقد يدفع شخص ضريبة دخل في البلد الذي يتحقق فيه الدخل ويدفع

الضريبة نفسها في بلده الذي يحمل جنسيته وقد يقيم في دولة ثالثة فيدفع ضريبة دخل أخرى. وقد يكون هذا الازدواج مقصودا عندما ترغب الدولة في تقليل حركة رؤوس الأموال منها واليها. وقد يكون غير مقصود بسبب عدم وجود سلطة عليا تنسق التشريعات الضريبية في البلدان المختلفة ويعالج هذا الازدواج عن طريق الاتفاقيات الثنائية أو الجماعية بين الدول.

٣-٣-٢: التنظيم الفني للضرائب:

يتضمن التنظيم الفني للضرائب ما يأتي:

٣-٣-٢-١: وعاء الضريبة:

يقصد بوعاء الضريبة المادة التي ستتخذ أساسا لفرض الضريبة. وتسمى الضريبة باسم وعائها. فالضريبة التي تفرض على الدخل تسمى ضريبة الدخل وكذلك الحال بالنسبة لضريبة العقار والاستهلاك.

ولغرض تحديد وعاء الضريبة يجب التعرف على كيفية حصول الدولة على ايراداتها، أي هل تعتمد على ضريبة واحدة أم على عدة ضرائب، وهل تتخذ الأموال أم الاشخاص وعاءا للضرائب المفروضة.

أولا: الضريبة الواحدة والضرائب المتعددة

١- الضريبة الواحدة:

تعتمد الدولة على ضريبة رئيسة واحدة للحصول على ما يلزمها من ايرادات كان تفرض ضريبة واحدة على النشاط الزراعي كما دعا إلى ذلك الطبيعيون. وتمتاز هذه الضريبة بالسهولة والبساطة فلا تحتاج إلا إلى كادر

وظيفي قليل وتتميز بالوضوح ووفرة الحصيلة لانخفاض نفقات الجباية وكذلك تمتاز بالمرونة لان الدولة تحدد سعرها بناءا على المقدرة التكليفية للممول, إلا أن من عيوبها أنها تجعل الدولة تعتمد على مصدر واحد للايرادات, وهذه تكون ثقيلة الوطء على المكلفين مما يدفعهم إلى التهرب منها, ولا تتلائم مع العدالة لان جزءا يسيرا من الأفراد يتحملونها دون غيرهم. إضافة إلى أنها لا تمكن الدولة من تحقيق أهداف اقتصادية واجتماعية مرغوبة. وهناك من ينادي بفرض ضريبة موحدة Flat tax على الاستهلاك وليس على الدخل أي تفرض ضرائب على شراء السلع والخدمات. والمبرر لهذه الضريبة يقوم على مبدأ ضرورة محاسبة الاشخاص على ما يستخدمونه وليس على ما ينتجونه. ومن صور ضريبة الاستهلاك. ضريبة المبيعات وضريبة القيمة المضافة والتي تشبه ضريبة المبيعات إلا أنها تفرض عند نهاية كل مرحلة من مراحل الإنتاج. أما ضريبة المبيعات فتفرض على السلع النهائية أو التامة الصنع. ومن ميزات هذه الضريبة كما يدعي المنادون بها أنها تساعد على زيادة الادخار القومي وتتفادى الازدواج الضريبي الاقتصادي الذي يحدث عند فرض ضريبة دخل على دخل الشركات وعلى دخل حاملي الاسهم. إلا أن من عيوبها كغيرها من الضرائب غير المباشرة أنها لا تراعي شخصية المكلف ولا تأخذ بنظر الاعتبار مصدر توليد الدخل ولا تأخذ بمبدأ تصاعد الضريبة. وهي كذلك تقوم بعملية إعادة توزيع للدخل لصالح أصحاب الدخول العالية على حساب أصحاب الدخول المنخفضة[1].

---

(١) ساموليسون، بول، ايه و نورهاوس، ويليام دي، علم الاقتصاد، ط١, مكتبة لبنان ناشرون بيروت ، ٢٠٠٦، ص٣٤٤ .

٢- الضرائب المتعددة:

تفرض ضرائب متعددة على اوعية متعددة وهذا النظام يتجاوز عيوب نظام الضريبة الواحدة إضافة إلى انه يوزع عبء الضرائب على عدد كبير من الممولين. ويقلل من التهرب الضريبي لصعوبة التهرب من جميع الضرائب. كما انه يوفر حصيلة اكبر للدولة لان الضرائب ستصيب جميع مظاهر الثروة. وتتمكن الدولة من تحقيق أهداف اقتصادية واجتماعية إضافة إلى الأهداف المالية.

ثانيا: الضرائب على الاشخاص وعلى الأموال

الضرائب على الاشخاص:

يكون الاشخاص وعاءا لهذه الضرائب. وكان هذا النوع من الضرائب هو السائد في النظم الضريبية القديمة إلا انه اخذ بالاختفاء من النظم الحديثة لأنها تتخذ من الإنسان وعاءا لها وهذا يتنافى مع كرامة الإنسان اضافة إلى أنها لا تحقق العدالة الضريبية للتفاوت الكبير في قدرة الأفراد المالية.

الضرائب على الأموال:

الضرائب في النظم الضريبية الحديثة تفرض على الأموال مع الاخذ بنظر الاعتبار شخصية المكلفين.

٢-٢-٣-٣: تقسيمات الضرائب:

هنالك عدة تقسيمات للضرائب المفروضة على الدخل والثروة أهمها:

أولا: الضرائب العينية والضرائب الشخصية

- **الضرائب العينية:** هي الضرائب التي لا تأخذ بنظر الاعتبار الظروف الشخصية لدافع الضريبة مثال ذلك ضرائب الاستهلاك.

- **الضرائب الشخصية:** وهي الضرائب التي يراعى عند فرضها ظروف المكلف الشخصية ومقدرته على الدفع ونوع مصدر الدخل... مثال ذلك ضريبة الدخل حيث تكون هناك سماحات للمكلف حسب حالته الاجتماعية وأعبائه العائلية ومصدر دخله.

ثانيا: الضرائب التوزيعية والضرائب القياسية

١- الضريبة التوزيعية: تحدد السلطات المالية مقدارها الكلي ثم يوزع على الممولين تبعا لمقدرتهم على الدفع دون تحديد لسعر الضريبة. ميزة هذه الضريبة هي أن الدولة تعرف مقدما مقدار الحصيلة. إلا أنها من جانب آخر لا تتفق مع مبادئ العدالة الضريبية. إضافة إلى انخفاض مرونة حصيلتها, لذلك أسقطت هذه الضريبة من النظم الضريبية الحديثة.

٢- الضريبة القياسية: هي الضريبة التي تحدد السلطات المالية سعرها دون حصيلتها, وهي المتبعة في النظم الضريبية الحديثة.

ثالثا : الضرائب المباشرة والضرائب غير المباشرة

- الضرائب المباشرة: هي الضرائب التي تصيب الوعاء وهو تحت يد المكلف. فهي تفرض على واقعة تملك الثروة أو وجود رأس مال أو تولد الدخل.

- الضرائب غير المباشرة: تفرض هذه الضرائب عند وقائع الاستعمال أو انتقال الثروة. فهي تفرض عند تحقق الإنتاج أو الاستهلاك أو تداول الثروة. ومثال ذلك ضرائب الإنتاج وضرائب الاستهلاك والضرائب الكمركية.

وفيما يأتي نناقش معايير التميز بين الضرائب المباشرة وغير المباشرة ومزايا وعيوب كل منهما:

أ- التمييز بين الضرائب المباشرة والضرائب غير المباشرة:

هناك معايير مستخدمة للتمييز بين نوعي الضرائب أهمها:

أ-١- المعيار الإداري:

يعتمد هذا المعيار على طريقة الجباية فالضرائب المباشرة هي التي تجبى عن طريق استمارات خاصة تتضمن اسم المكلف. أما الضرائب غير المباشرة فلا تجبى عن طريق استمارات ولا يعرف اسم المكلف، مثال الأولى الدخل والثانية الضرائب الكمركية من عيوب هذا المعيار انه يقوم على اعتبارات شكلية تخص طريقة الجباية لا طبيعة الضريبة.

أ-٢- معيار نقل عبء الضريبة:

تكون الضريبة مباشرة إذا استقر عبؤها على المكلف بها قانونا. أما إذا تمكن من نقل عبئها إلى غيره فتكون الضريبة غير مباشرة. من الماخذ على هذا المعيار هو أن نقل عبء الضريبة لا يعتمد على طبيعة الضريبة ولا على ادارة المشروع بل يعتمد على عوامل اقصادية مثل مرونة الطلب, وموقع دافع الضريبة في السوق من حيث المنافسة والاحتكار وسعر الضريبة... الخ.

أ-٣- معيار ثبات المادة الخاضعة للضريبة:

الضرائب المباشرة هي التي يتميز وعاؤها بقدر كبير من الثبات والاستمرار لدى المكلف كالملكية بالنسبة لضريبة العقار, وممارسة المهنة النسبة لضريبة الأرباح والعمل بالنسبة لضرائب الاجور والرواتب. أما الضرائب غير المباشرة فتتميز بعدم ثبات اوعيتها. فهي تفرض على وقائع غير منتظمة تحصل للمكلف مثل انفاق الدخل.

لا يخلو هذا المعيار من عيوب. فمثلا كيف تصنف ضريبة التركات حسب هذا المعيار؟ فان اعتبارنا التركة ثروة تكون الضريبة مباشرة. وان اعتبرنا الواقعة انتقال للثروة فستكون الضريبة غير مباشرة.

أ-٤- معيار المقدرة التكليفية:

الضرائب المباشرة تفرض حسب المقدرة التكليفية للمكلف. أي هي التي تسمح طبيعتها بمراعاة ظروف المكلف الشخصية والاجتماعية. أما الضرائب غير المباشرة فهي التي تفرض من غير مراعاة للمقدرة التكليفية للمكلف, أي لا تراعي ظروف المكلف الشخصية.

وبشكل عام أصبح التصنيف المعتمد للضرائب أي مباشرة وغير مباشرة وهو أن الضرائب المباشرة هي التي تفرض على الدخل والثروة أما الضرائب غير المباشرة فهي التي تفرض على التداول والانفاق والاستهلاك.

ب- مزايا وعيوب الضرائب المباشرة وغير المباشرة:

ب-١- مزايا وعيوب الضرائب المباشرة:

ب-١-١: مزايا الضرائب المباشرة: تمتاز بمزايا ايجابية أهمها:

ب-١-١-١: الثبات النسبي لحصيلتها لان وعائها ثابت إلى حد كبير كالملكية والعقارات والرواتب ولا تتأثر كثيرا بالتقلبات الاقتصادية ما عدا ضريبة الدخل وبشكل عام حصيلة الضرائب المباشرة اقل تأثرا بالتقلبات الاقتصادية من حصيلة الضرائب غير المباشرة.

ب-١-١-٢: أنها أكثر تحقيقا للعدالة في توزيع الاعباء المالية لأنه يراعى عند فرضها قدرة المكلفين على الدفع.

ب-١-١-٣: أنها تشعر الأفراد بمساهمتهم المباشرة في تحمل الاعباء العامة مما ينمي عندهم المساهمة في النشاط السياسي ومراقبة نشاط الدولة المالي.

ب-١-١-٤: انخفاض نفقة جبايتها لأنها تفرض على وعاء معروف ومحدد.

ب-١-١-٥: تتميز بالوضوح فالمكلف يعرف ما يدفعه كضريبة على وجه التحديد.

ب-١-٢: عيوب الضرائب المباشرة: من أهمها ما ياتي:

ب-١-٢-١: شعور المكلف بوطأتها بشكل مباشر مما يدفعه إلى التهرب منها خاصة إذا كان سعرها مرتفعا.

ب-١-٢-٢: عدم مرونتها وبالتالي صعوبة التحكم في مقدار حصيلتها.

ب-١-٢-٣: أنها تأتي متأخرة بسبب إجراءات التحصيل فضريبة الدخل تجبى عند انهاء السنة المالية مثلا. وهذا التأخر يشكل قيدا على تنفيذ سياسة الدولة المالية.

ب-١-٢-٤: وجود علاقة مباشرة بين المكلف والسلطة المالية قد يدفعه إلى اتباع أساليب غير مشروعة للتهرب من دفع الضريبة مثل الرشوة والمحسوبية.

ب-١-٢-٥: أنها تكشف عن بعض اسرار المكلف مثل حجم ثروته ودخل مما يعد نوعا من التدخل في شؤونه الخاصة يجعله ينفر من الضريبة.

ب-٢: مزايا وعيوب الضرائب غير مباشرة:

ب-٢-١: مزايا الضرائب غير المباشرة: ومن أهمها ما يأتي:

ب-٢-١-١: عدم شعور المكلف بعبئها لأنها تدخل ضمن سعر السلعة لذلك يصعب التهرب منها.

ب-٢-١-٢: وفرة حصيلتها لأنها تفرض على وقائع متعددة كالإنتاج والاستهلاك والاستيراد والتصدير والتداول.

ب-٢-١-٣: تتميز بالمرونة لأنها تتأثر بالتقلبات الحاصلة في النشاط الاقتصادي.

ب-٢-١-٤: تتدفق حصيلتها طول أيام السنة لاستمرار تولد وعائها كالاستهلاك.

ب-٢-١-٥: سهولة تحصيلها لأنها تفرض عند المنبع في الغالب اذ يدفعها المنتج أو المستورد قبل المستهلك.

ب-٢-٢:عيوب الضرائب غير المباشرة: يعاب عليها ما ياتي:

ب-٢-٢-١: لا تراعي مبدأ العدالة لأنه لا يوجد تناسب طردي بين ما يدفعه المكلف ومقدرته التكليفية, بل قد يكون التناسب عكسي من حيث شدة وطأتها فهي اشد على الطبقات الفقيرة من الغنية, خاصة إذا فرضت على السلع الضرورية.

ب-٢-٢-٢: صفة المرونة فيها قد تكون عيبا خاصة في اوقات الكساد إذ تنخفض حصيلتها مع انخفاض مستوى النشاط الاقتصادي.

ب-٢-٢-٣: تستلزم الرقابة الشديدة على حركة الإنتاج والتداول.

بسبب هذه المزايا والعيوب لكلا النوعين من الضرائب فان النظم الضريبية المعاصرة تجمع بين النوعين. إلا أن أهمية كل نوع تختلف من دولة لأخرى. وتعتمد على عوامل سياسية واقتصادية واجتماعية. فعند اتساع وتنوع

الدخول وارتفاع مستوى التنظيم المحاسبي, وانتشار الوعي الاجتماعي, نجد ارتفاع مساهمة الضرائب المباشرة في الإيرادات الضريبية كما هو الحال في الدول الصناعية المتقدمة.بينما تقل هذه المساهمة في الدول النامية بسبب انخفاض الدخول وعدم نمو الوعي الاجتماعي. لذلك نجد ارتفاع نسبة مساهمة الضرائب غير المباشرة[١]. وبشكل عام نجد الضرائب المباشرة تحقق عدالة اكبر بينما الضرائب غير المباشرة تحقق حصيلة اكبر. وعلى السلطات المالية أن توازن بين الهدفين[٢].

٣-٣-٣: سعر الضريبة (معدل الضريبة):

سعر الضريبة هو نسبة الضريبة إلى الوعاء الخاضع لها. ويتحدد سعر الضريبة بطريقتين هما:

٣-٣-٣-١: الضريبة التوزيعية:

تحدد الدولة مقدار المبالغ المراد جبايتها. ثم تقوم بتوزيع مقدارها على المكلفين وحسب مقدرتهم المالية. من ميزات هذه الطريقة أنها لا تتأثر في التهرب الضريبي كما أن الحصيلة ثابتة ومعروفة سلفا. ومن عيوبها أنها غير مرنة لعدم تأثرها بالاوضاع الاقتصادية وكذلك لا تتفق مع مبادىء العدالة الضريبية. وان كانت تصلح هذه الطريقة في الضرائب المباشرة فهي غير صالحة في تحديد الضرائب غير المباشرة لذلك أقلعت اغلب النظم الضريبية الحديثة عن هذه الطريقة.

(١) نوزاد الهيتي، مصدر سابق، ص١٣٤ .

(٢) عادل فليح العلي، طلال محمود كداوي، ج١, مصدر سابق، ص٧٠ .

٣-٣-٣-٢: الضريبة القياسية:

تفرض الضريبة على شكل نسبة معينة من الوعاء الخاضع لها، أو على شكل مبلغ معين على وحدة قياسية من وحدات الوعاء. وهذه الطريقة هي المتبعة في النظم الضريبية الحديثة. ويحتسب سعر هذه الضريبة بصيغتين هما:

أولا: الضريبة النسبية

تفرض بسعر واحد لا يتغير مهما تغيرت قيمة الوعاء. مثال ذلك فرض ضريبة دخل بنسبة ١٠% من الدخل السنوي مهما زاد حجم الدخل، كما في الشكل الآتي:

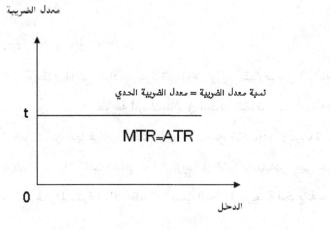

نلاحظ هنا أن نسبة معدل الضريبة Average Tax ratio

$$ATR = \frac{\text{قيمة الضريبة}}{\text{قيمة وعاء الضريبة}} \times ١٠٠$$

وفي هذه الحالة تكون نسبة معدل الضريبة مساوية لمعدل الضريبة الحدي Marginal Tax Ratio والذي يعني

$$MTR = \frac{\text{التغير في الضريبة}}{\text{التغير في الوعاء الضريبي}} \times ١٠٠$$

ويرى انصار هذه الضريبة أنها:

١- ضريبة عادلة لأنها تعامل المكلفين بنفس السعر(١٠%) سواء كان الدخل مرتفعا أو منخفضا إلا أن هذه الدالة ظاهرية وليست حقيقية لان العدالة تقتضي ـ أن يتساوى المكلفون في التضحية.

فحسب السعر ١٠% تكون تضحية من يدفع ١٠ من ١٠٠ اكبر من تضحية من يدفع ١٠٠ من ١٠٠٠ دينار، لان الاول يحرم من سلع وخدمات أكثر ضرورة من الثاني.

٢- أنها لا تهدد نمو الثروات والدخول. على العكس من الضريبة التصاعدية إلا أن هذا التهديد يمكن تجاوزه في حالة الضرائب التصاعدية عن طريق فرض الضريبة بأسعار معتدلة. عندئذ يكون تأثيرها اقل على نمو الدخول والثروات من الضريبة النسبية بأسعار عالية.

ثانيا: الضريبة التصاعدية

يتغير سعر الضريبة بتغير حجم وعائها, فكلما كبر حجم الوعاء زاد السعر.

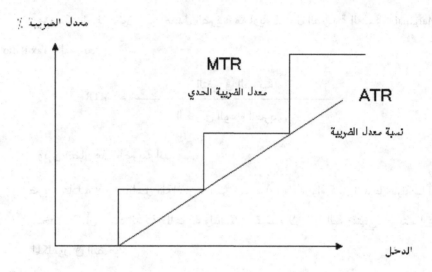

نلاحظ في الضرائب التصاعدية أن MTR يكـون دائمـا اكـبر مـن ATR كمـا في الشكـل السابق. ففي حالة الضريبة التصاعدية دائما يكون معدل الضريبة الحدي اكبر مـن نسـبة معـدل الضريبة. أن للمعدل الحدي للضريبة أهمية واثر كبير في الاقتصاد. إذ لـه تأثير مباشر علـى هيكـل الحوافز ومن ثم على سلوك الوحدات الاقتصادية. فكلما زاد الميل الحدي للضريبة قلت الرغبـة في العمل وفي الاستثمار وفي كسب الدخل الاضافي. مثال ذلك لو كان الميل الحدي للضريبة ٥٠% أو ٦٠% أو ٧٠% فهذا يعني أن هذه النسبة هي التي سوف تقتطع كضريبة مـن الـدخل الحـدي (الاضافي) وعليه فالـدخل المتبقـي قـد لا يكـون مشجعا أو مغريا لممارسة المزيد مـن النشـاط الاقتصادي المولد للدخل[1].

(١) غازي عبد الرزاق النقاش، المالية العامة تحليل أسس الاقتصاديات المالية، ط٢، دار وائـل للطباعـة والنشرـ عمان، الاردن،٢٠٠١،ص٥٢ .

تبرر الضريبة التصاعدية بعدة نظريات أهمها:

أولا: نظرية تناقص المنفعة الحدية:

تعني أن منفعة الوحدات الحدية (الاخيرة) من الدخل تقل كلما زاد الدخل. فالوحدات الأولى من الدخل تستخدم لإشباع الحاجات الضرورية والتي بعدها تستخدم لإشباع الحاجات الكمالية. فاقتطاع عدد معين من وحدات الدخل من صاحب الدخل المنخفض(الفقير) يسبب له حرمان اكبر بكثير مما يسببه اقتطاع العدد نفسه من صاحب الدخل المرتفع(الغني) لان الاول يضحي بحاجات ضرورية بينما الثاني يضحي بجزء من حاجاته الكمالية.

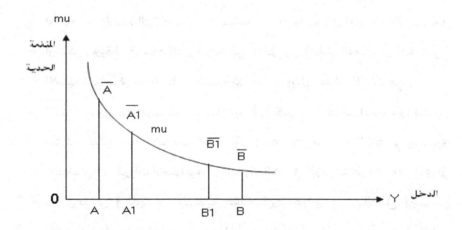

يوضح الشكل السابق تمثيل بياني لعملية اعادة توزيع الدخل بالاستناد إلى نظرية تناقص المنفعة إذ تتم العملية من خلال فرض الضرائب على الاغنياء من جانب وتقديم حصيلتها للفقراء من جانب آخر.

يمثل المحور العمودي المنفعة الحدية لوحدات الدخل والمحور الافقي حجم الدخل.

لنفرض أن OA يمثل دخل العائلة الفقيرة وOB دخل العائلة الغنية. فاذا

ما فرضت الحكومة ضريبة مقدارها BB1 على العائلة الغنية فان رفاهيتها سوف تنخفض بمقدار المساحة $B1\bar{B}1\bar{B}B$. واذا ما قدمت حصيلة الضريبة كإعانة للعائلة الفقيرة, فان رفاهيتها ستزداد بقدر المساحة $A\bar{A}\bar{A}1A1$, نلاحظ أن كسب العائلة الثانية يكون اكبر من تضحية العائلة الأولى. وبذلك تكون المحصلة ايجابية أي زيادة الرفاهية الاجتماعية. تصح هذه العملية على افتراض أن تحويل الدخل أو فرض الضريبة ليس له اثر على حوافز العمل والإنتاج. وكذلك أن لجميع الأفراد قدرة متساوية على التمتع بالسلع والخدمات الاستهلاكية. أي أن منحني المنفعة الحدية المتناقصة (mu) هو نفسه لجميع الأفراد.

٢- **نظرية إعادة التوزيع:** الضرائب التصاعدية وسيلة لإعادة توزيع الدخل لصالح الفئات الأقل دخلا. ولإعادة التوزيع مبررات اقتصادية واجتماعية. تتمثل المبررات الاقتصادية في أن تركز الثروة لدى عدد قليل من الأفراد يقلل من الطلب الفعال لان ميل هؤلاء للاستهلاك منخفض وبذلك يقل الطلب الكلي الفعال ويقل معه الدخل القومي ومستوى الاستخدام. وفي حالة فرض ضرائب تصاعدية فإنها تقلل من ادخارات الاغنياء وتزيد من استهلاك الفقراء وهذا الأمر يرفع الطلب الكي ومعه يرتفع حجم الدخل القومي ومستوى الاستخدام. أما المبررات الاجتماعية فان التفاوت الكبير في توزيع الدخل والثروة يؤدي إلى تكوين طبقتين في المجتمع الأولى غنية والثانية فقيرة. وهذا يزيد من الصراع الاجتماعي وعدم الانسجام بين افراد المجتمع. وهذا الأمر تكون له اثار سلبية على استقرار وتطور المجتمع.

٣- **نظرية تدرج الحاجات الجماعية**(1): تتدرج حاجات المجتمع من حاجات

(١) عادل فليح العلي : المالية العامة والتشريع المالي، جامعة الموصل ، ٢٠٠٢، ص ١١٠ .

ضرورية إلى حاجات شبه ضرورية إلى حاجات كمالية وكذلك هو الحال بالنسبة لحاجات الأفراد. فكل مواطن بعد أن يشبع مستوى معين من حاجاته الخاصة فان عليه أن يساهم في إشباع المستوى نفسه من حاجات المجتمع. فصاحب الدخل المنخفض يشبع حاجاته الضرورية فقط لذلك عليه أن يساهم في إشباع الحاجات الضرورية للمجتمع. أما صاحب الدخل المرتفع فانه يشبع حاجاته الضرورية وشبه الضرورية والكمالية لذلك عليه أن يساهم في إشباع هذا المستوى من حاجات المجتمع. وتتم هذه العملية من خلال نظام الضرائب التصاعدية.

٣-٣-٤: التصاعد في سعر الضريبة:

يكون التصاعد في سعر الضريبة على صورتين هما التصاعد بالطبقات والتصاعد بالشرائح:

٣-٣-٤-١: التصاعد بالطبقات:

يقسم وعاء الضريبة على عدة طبقات ويحدد لكل طبقة سعر ضريبة معين. كما في المثال التالي:

الطبقات	حجم الوعاء الخاضع للضريبة (الدخل)	سعر الضريبة
الطبقة الأولى	اقل من ١٠٠٠	صفر %
الطبقة الثانية	١٠٠١- ٢٠٠٠	٢%
الطبقة الثالثة	٢٠٠١- ٣٠٠٠	٣%
الطبقة الرابعة	٣٠٠١-٤٠٠٠	٤%

يتميز هذا التصاعد بالبساطة إلا انه لا يميز بين بداية الطبقة ونهايتها. فلو كان دخل المكلف ٢٠٠ دينار فان الضريبة المتحققة وحسب سعرها ٢٠٠٠×٠،٠٢ =٤٠ دينار.

فلو زاد دخل هذا المكلف بان أصبح دخله ٢٠٠١ فان مقدار الضريبة يكون مساويا ٢٠٠١×٠،٠٣ = ٦٠،٠٣ دينار ,نجد أن الدخل زاد بمقدار دينار واحد بينما زادت الضريبة بمقدار ٣٠،٠٣ دينار.

٣-٣-٤-٢: التصاعد بالشرائح

يقسم وعاء الضريبة على عدة شرائح يفرض على كل شريحة سعر محدد ويزداد كلما انتقلنا من شريحة أقل إلى شريحة أعلى. وكما في المثال:

الشريحة	مقدارها	سعر الضريبة %
الأولى	١٠٠٠	٢%
الثانية	١٠٠٠	٣%
الثالثة	١٠٠٠	٤%
الرابعة	١٠٠٠	٥%

فاذا كان دخل المكلف ١٠٠٠ دينار يدفع ضريبة بنسبة ٢% أي ٢٠ دينار واذا كان دخله ٢٠٠٠ دينار يدفع ٢٠ دينار عن الالف الاول ويدفع ٣٠ دينار عن

الالف الثانية وهكذا. فلو كان دخل المكلف ٤٠٠٠ دينار فمقدار الضريبة يستخرج عن كل شريحة على حدة ثم تجمع كما ياتي:

(١٠٠٠x٠،٠٢)+(١٠٠٠x٠،٠٣)+(١٠٠٠x٠،٠٤)+(١٠٠٠x٠،٠٥)=١٤٠ دينار.

يعالج نظام التصاعد بالشرائح عيوب نظام التصاعد بالطبقات اذ يرفع الحيف الذي يصيب الذين هم في بداية الطبقة. وهذا الأسلوب هو المتبع في النظم الضريبية الحديثة.

٣-٣-٥: تقدير وعاء الضريبة:

لتقدير وعاء الضريبة يجب أن يحدد القانون بالتفصيل الواقعة المنشئة للضريبة, أي الشروط اللازم توفرها لتكون الضريبة دينا بذمة المكلف. مثال ذلك تحقق الدخل في نهاية السنة المالية بالنسبة لضريبة الدخل، أو عبور السلعة للحدود بالنسبة للضرائب الكمركية. وتحدد الضريبة بالسعر السائد وقت حدوث الواقعة المنشئة للضريبة.

أما عن طرائق تقدير وعاء الضريبة فهناك طريقتان لذلك هما:

٣-٣-٥-١: الطريقة الأولى: التقدير الإداري:

ويتم ذلك عن طريق السلطة الضريبية وبشكل مباشر وغير مباشر:

أولا: التقدير الإداري المباشر

تقوم الادارة المالية بتقدير وعاء الضريبة بأي طريقة تجدها مناسبة للوصول إلى أدق تقدير, ويتبع التقدير الإداري المباشر في الاوعية التي يسهل تقديرها مثل الدخول والثروات العقارية والاراضي الزراعية. وهذه الاوعية لا يمكن اخفائها من قبل المكلف. وكذلك يتبع في حالة امتناع المكلف عن تقديم اقرار عن وعاء

الضريبة. من عيوب هذا التقدير أن الموظفين قد يحابون الدولة أو المكلف لسبب أو

لآخر.

ثانيا: التقدير الإداري غير المباشر

عند عدم تيسر اتباع طريقة التقدير المباشر يصار إلى التقدير غير المباشر والذي يكون

بطريقتين هما:

أ. طريقة المظاهر الخارجية:

يتم تحديد وعاء الضريبة على اساس المظاهر الخارجية مثال ذلك عند تحديد دخل

شخص ما ينظر إلى عدد سياراته والمسكن الذي يسكنه... الخ. تمتاز هذه الطريقة بالسهولة وقلة

التكاليف وتحافظ على أسرار المكلف، إلا أنها لا تحقق العدالة وذلك لان المظاهر الخارجية لا

تعبر بدقة عن دخل المكلف وكذلك قد يتغير دخل المكلف ولكنه لا يغير من هذه المظاهر

لاعتياده عليها وهذا يجعل حصيلة الضريبة غير مرنة لأنها لا تتغير بتغير دخل المكلف. لذلك

قلما تتبع هذه الطريقة، انما تستخدم لمراقبة صحة اقرار المكلف.

ب. طريقة التقدير الجزاف:

يتم تقدير وعاء الضريبة من خلال بعض القرائن التي يحددها القانون أو يقدمها

المكلف أو تختارها الادارة كعدد العمال التابعين لصاحب العمل أو قيمة اجورهم أو عدد الالات

وطاقتها الإنتاجية أو حجم المال المستثمر في المشروع. وقد تطبق هذه الطريقة في تقدير بعض

التكاليف التي يجب خصمها من الوعاء مثل تكاليف صيانة العقار بحيث لا تفرض الضريبة على

القيمة الايجارية إلا بعد خصم هذه التكاليف. تمتاز هذه الطريقة بسهولتها وبساطتها إلا أنها

بعيدة عن الدقة ولا تستخدم إلا إذا تعذر تقدير الوعاء بالطرائق الأخرى الاقرب للدقة.

٣-٣-٥-٢: الطريقة الثانية: التقدير عن طريق الاقرار

يقدم الاقرار أما من قبل المكلف نفسه أو من قبل غيره

أولا: الاقرار من قبل المكلف

المكلف بتقديم الاقرار إلى ادارة الضريبة عن وعاء الضريبة مثل ثروته ودخله وحجم إنتاجه... وتتميز هذه الطريقة بالسهولة ولكن قد يقدم المكلف بيانات غير دقيقة مما يضطر السلطات المالية إلى تدقيقها والتحري عن صحتها بالوسائل المناسبة. يتطلب نجاح هذه الطريقة وجود الوعي الضريبي لدى المكلفين وموظفي الضريبة.

ثانيا: القرار من قبل غير المكلف

تقدم البيانات من قبل جهة أخرى غير المكلف نفسه. مثل تقديم صاحب العمل بيانات عن المستخدمين لديه. أو يقدم المستأجر معلومات عن قيمة ايجار العقار الذي استأجره. تفيد هذه الطريقة في التقليل من فرص التهرب الضريبي لان مقدم البيانات ليس له مصلحه في تقديم معلومات غير صحيحة. إلا أن هذه الطريقة لا تصلح لتحديد جميع الاوعية الضريبية.

٣-٣-٦: تحصيل الضريبة:

يقصد بتحصيل الضريبة نقل مبلغها من ذمة المكلف إلى خزينة الدولة ومن اهم طرائق جباية الضرائب ما يأتي[1]:

---

(١) نوزاد الهيتي، مصدر سابق، ص١٥٤-١٥٥ .

٣-٣-٦-١: طريقة التوريد المباشر:

يقوم الممول بتسديد الضريبة إلى دائرة الضرائب استنادا إلى ما قدم من إقرار. وقد يسدد المبلغ دفعة واحدة أو على أقساط.

٣-٣-٦-٢: طريقة الاقساط المقدمة:

يقوم الممول بدفع أقساط دورية كان تكون فصلية أي ربع الضريبة المقدرة. وفي نهاية السنة وبعد تحديد القيمة الدقيقة لمقدار الضريبة تجري المقاصة بين دائرة الضريبة والممول. من محاسن هذه الطريقة أنها توفر ايرادات مستمرة على مدار السنة.

٣-٣-٦-٣: طريقة الحجز عند المنبع:

تعني قيام جهة معينة غير المكلف بحساب الضريبة ودفعها إلى دائرة الضرائب. مثال ذلك أن يقتطع المدير المبالغ المستحقة كضريبة على اجور العمال, أو يقوم مدير الشركة المساهمة بحساب الضريبة المستحقة على ارباح المساهمين... هذه الطريقة سهلة وسريعة في تحصيل الإيرادات وتمنع التهرب الضريبي. إلا أن العيب الوحيد هو تولي موظف غير مختص أي من خارج دائرة الضرائب بحساب الضريبة واستقطاعها وهذا الموظف قد يكون قليل الخبرة مما قد يلحق الضرر بالممول أو الخزينة العامة.

٣-٣-٧: التهرب الضريبي:

يقصد به محاولة المكلف عدم دفع الضريبة جزئيا أو كليا بعد استحققها. ويكون التهرب على نوعين هما:

أولا: التهرب المشروع أو تجنب دفع الضريبة من غير مخالفة للتشريعات الضريبية: ويحدث ذلك في حالة استفادة المكلف من الثغرات القانونية الموجودة في التشريع الضريبي. ومثال ذلك عندما تفرض ضريبة على ارباح الاسهم فللتهرب من دفع الضريبة جزئيا تقوم الشركة بتوزيع جـزء مـن الأربـاح علـى شـكل مكافئـات حضـور الاجتماعـات العامـة مـن قبـل المساهمين. أو يتهرب أصحاب الثروات من ضريبة التركات من خلال هبتها للورثة. يحصل هذا في حالة الضرائب المباشرة. أما في حالة الضرائب غير المباشرة فيتم التهرب المشروع أو تجنب دفع الضريبة من خلال امتناع المستهلكين عن شراء السلع أو الامتناع عـن ممارسـة نشاط معين بسبب ارتفاع سعر الضريبة.

ثانيا: التهرب غير المشروع: هو الذي يتضمن غشا واحتيـالا بقصـد عـدم دفـع الضريبة، مثل عدم تقديم المكلف اقرار صحيح عن دخله أو ثروته أو أي وعاء ضريبي، أو ادخال السـلع المستوردة سرا للتهرب مـن الضرائب الكمركيـة أو تقييمهـا باقـل مـن قيمتهـا، أو اخفـاء الأموال وإعلان الافلاس ليتعذر سداد الضريبة.

٣-٣-٧-٢: أسباب التهرب الضريبي:

أولا: ضعف الوعي الضريبي الوطني.

ثانيا: ارتفاع أسعار الضرائب.

ثالثا: عدم الثقة بسياسة الدولة الانفاقية.

رابعا: عدم التشدد في فرض الجزاء على المتهربين من دفع الضريبة.

خامسا: ضعف الرقابة والكفاءة والنزاهة في إدارات الضرائب.

٣-٣-٧-٣: مكافحة التهرب الضريبي:

مكافحة التهرب الضريبي المشروع تتم من خلال احكام التشريعات الضريبية واغلاق الثغرات التي ينفذ منها المكلف في عدم دفع الضريبة. أما مكافحة التهرب الضريبي غير المشروع فتتم من خلال ما يأتي:

أولا: جباية الضرائب عند المنبع.

ثانيا: منح موظفي الضريبة حق الاطلاع على سجلات المكلفين.

ثالثا: اغراء المكلفين بمكافئات مالية لقاء تقديمهم معلومات دقيقة عن ما يملكون من اوعية ضريبية.

رابعا: نشر الوعي الضريبي عند المواطنين.

خامسا: تشديد العقوبات المالية والبدنية والمعنوية على المخالفين أو المتهربين من دفع الضريبة.

٣-٣-٨: عبء الضريبة:

٣-٣-٨-١: تعريف عبء الضريبة:

يقصد بالعبء الضريبي من يقوم بتحمل أو بدفع مبلغ الضريبة في نهاية الأمر. فقد يقع عبء الضريبة على المكلف قانونا أو يقوم المكلف قانونا بتحصيل أو استيفاء مبلغ الضريبة من آخرين. وهذا ما يسمى بنقل عبء الضريبة.

هناك أثران رئيسيان للعبء الضريبي هما[1]:

أولا: فقدان القطاع الخاص لجزء من قوته الشرائية، اذ تحول إلى الحكومة على شكل ضرائب.

ثانيا: العبء الضريبي الاضافي:

يتمثل العبء الضريبي الاضافي في الأثر السلبي الذي تحدثه الضرائب على مستوى الكفاءة الاقتصادية. ويكون ذلك من خلال تغير هيكل الأسعار بسبب الضرائب مما يؤدي إلى انسياب الموارد إلى الانشطة الاقتصادية التي تتمتع باعفاء ضريبي أو ضرائب بمعدلات منخفضة. وتتوقف انشطة نافعة بسبب هذه الضرائب. وقد لا تعوض منافع الانشطة الأولى الخسائر الناجمة عن توقف الانشطة الثانية، أي تكون هناك خسارة في مستوى الكفاءة الاقتصادية على صعيد الاقتصاد القومي.

أن النظام الضريبي المثالي هو الذي لا يغير دوافع الأفراد في مجال توزيع دخلهم ووقتهم بين انواع السلوك التي تحقق لهم أعظم إشباع. والضريبة التي تحقق ذلك تسمى ضريبة حيادية Neutral Tax فهي مثلا لا تشجع الأفراد على انفاق قدر اكبر من الدخل على سفرات العمل أو الاسكان أو الرعاية الطبية وقدر اقل من الدخل على الغذاء لان الأولى تخصم من الدخل الخاضع للضريبة أما الثانية فلا.

٣-٣-٨-٢: نقل عبء الضريبة:

يقصد به امكانية المكلف قانونا بدفع الضريبة من نقل عبئها كلها أو جزء

---

(١) جيمس جوارتيني، ريتشارد استروب، مصدر سابق، ص١٤٤.

منها إلى شخص اخر، وبذلك يكون لدينا مكلفان[1]:

المكلف القانوني هو الذي فرضت عليه الضريبة قانونا وهو يتحمل العبء القانوني أما المكلف الاقتصادي فهو الذي يقوم بدفع الضريبة فعلا.

ياخذ نقل عبء الضريبة عدة انواع هي:

أولا: النقل الكلي والنقل الجزئي: أي يتمكن المكلف القانوني من نقل كل أو بعض الضريبة إلى غيره.

ثانيا: النقل إلى الامام والى الخلف: إذا نقلت الضريبة من المنتج إلى المستهلك من خلال رفع سعر السلعة فيسمى النقل إلى الامام. أما إذا تمكن من خفض تكاليف الإنتاج بخفض عوائد عناصر الإنتاج تسمى النقل إلى الخلف, وقد يحدث النوعان في أن واحد وهذا يعتمد على الظروف الاقتصادية السائدة من حيث الرخاء والكساد ففي حالة الرخاء يتم النقل إلى الامام، أما في حالة الكساد فيتم النقل إلى الخلف.

ثالثا: النقل المقصود وغير المقصود: يكون النقل مقصودا عندما تهدف الدولة إلى تقليل إنتاج واستهلاك سلعة معينة، حيث تفرض ضريبة مرتفعة على إنتاجها أو استهلاكها أو استيرادها ويكون النقل غير مقصود عندما يتم نتيجة لعوامل اقتصادية أو اجتماعية.

٣-٣-٨-٣: العوامل المؤثرة في نقل عبء الضريبة

هناك عدة عوامل تؤثر في نقل عبء الضريبة:

---

(١) أحمد سعيد الشريف، السياسة الضريبية كأداة لإعادة توزيع الدخل، مجلة البحوث الاقتصادية، المجلد الثالث ،العدد٢، ١٩٩١, ص٧ .

أولا: طبيعة السوق الذي يعمل به المنتج

إذا كان المنتج في حالة احتكار فمن الصعب نقل عبء الضريبة لان المحتكر يحدد العرض بالسعر الذي يحقق له أقصى ـ ربح ممكن. بحيث أن أي زيادة في السعر تؤدي إلى انخفاض الطلب وانخفاض الربح، لذلك يفضل عدم نقلها. أما في حالة المنافسة فان المنتج يستطيع نقلها لان السعر يتحدد بنفقة المنتج الحدي الذي يتمكن فقط من تغطية تكاليف الإنتاج.فان لم يتمكن من نقلها فسوف يضطر للانسحاب من السوق بحيث يقل عرض السلعة إلى الحد الذي يرفع سعره لكي يستوعب الضريبة.

ثانيا: مرونة العرض

كلما كان العرض مرنا زادت امكانية نقل عبء الضريبة والعكس بالعكس.

ثالثا: سعر الضريبة

كلما قل سعرها قلت رغبة المكلف في نقلها.

رابعا: عمومية الضريبة

إذا شملت الضريبة أموالا محددة أمكن نقلها بسهولة مثل نقل ضريبة العقار على المستأجرين، أما إذا فرضت على قاعدة عريضة الاوعية فمن الصعوبة نقلها.

خامسا: مرونة الطلب

إذا كان الطلب على السلعة مرن يكون من الصعوبة نقل عبء الضريبة، أما إذا كان الطلب غير مرن فيكون بالامكان نقل عبء الضريبة.

سادسا: العلم بمقدار الضريبة

إذا كان مقدار الضريبة معروفا أمكن نقلها مقدما، كما في الضرائب المباشرة، أمـا إذا كـان مقدارها غير معروف كما هي في الضرائب غير المباشرة فمن الصعوبة نقل عبئها.

٣-٣-٩: انواع الضرائب:

تقسم الضرائب حسب وعائها على ثلاثة انواع رئيسة هي ضرائب الـدخل وضرائـب رأس المال وضرائب الانفاق.

٣-٣-٩-١: ضرائب الدخل:

تعد ضرائب الدخل من اهم الضرائب في النظم الضريبية الحديثـة، وذلـك لان الـدخل يعتبر المعيار الامثل المعبر عن مقدرة المكلف، وتراعى فيها العدالة الضريبية. وتمكـن الدولـة مـن الحصول على الإيرادات من مصادر معتدلة. وقبل دراسة أسلوب فرض ضريبـة الـدخل يجـب أن نحدد مفهوم الدخل. اذ هناك مفهومان للدخل، الاول مفهوم ضيق اذ يعتبر المال دخـلا إذا كـان نقديا أو قابلا للتقدير بالنقد ويأتي بشكل دوري من مصدر يتمتع بقدر من الثبات. وخلال مـدة زمنية معينة. حسب هذا المفهوم يعد دخلا ما يحصل عليه المكلف مـن مبالـغ نقديـة أو سـلع وخدمات لها قيمة نقدية في السوق. فالذي يسكن منزله تعتبر القيمـة الايجاريـة دخـلا لـه، أمـا خدمات ربات البيوت فلا تعتبر دخلا. وكذلك يجب أن يحصل المكلف على الدخل بشكل دوري منتظم وان لم يحصل على المبلغ نفسه. أما ما يحصل عليه من مبالغ نقدية بشكل مفاجيء فـلا يعتبر دخلا لأغراض الضريبة مثل الميراث والفوز بجوائز معينة. ولكي يكون الـدخل متجـدد أو قابل للتجديد يجب أن يكون مصدره كذلك. وهناك تفاوت في درجة ثبات

هذه المصادر. فالدخول الناجمة عن راس المال اكثر ثباتا وتجددا من الدخول الناشئة عن العمل. وهذا يتطلب معاملة تفضيلية للدخول التي مصدرها العمل على الدخول التي مصدرها راس المال. ولكي تعد الإيرادات دخلا لاغراض الضريبة يجب أن يحصل عليه المكلف خلال مدة معينة.

أما المفهوم الثاني للدخل فيعتمد على نظرية زيادة القيمة الايجابية. حيث يعد دخلا كل زيادة ايجابية لذمة المكلف المالية خلال فترة معينة بغض النظر عن مصدر هذه الزيادة, ومدى تكررها. فيعد دخلا الرواتب والارباح وزيادة قيمة الاصول الثابتة. هذا المفهوم الموسع للدخل اقرب إلى العدالة من سابقه لأنه ليس من العدالة اعطاء الصفقات الكبيرة واخذ الضريبة من الدخل الدوري ولو كان اقل منها.

أولا: كيفية فرض ضريبة الدخل

أن ضريبة الدخل تفرض على الدخل الصافي أي تخصم من الدخل الاجمالي تكاليف إنتاجه والتي تتمثل بتكاليف المعيشة لدخل العامل. وتكاليف الإنتاج والاندثار بالنسبة لدخل رأس المال. وهناك نظامان لفرض ضريبة الدخل هما:

١. نظام الضريبة على مجموع الدخل:

يجمع دخل المكلف الذي حصل عليه خلال السنة في وعاء واحد وتفرض عليه الضريبة ومن مزايا هذا النظام:

أ- غزارة الحصيلة لان الوعاء سيكون اكبر وهذا يسمح بتطبيق الضريبة التصاعدية بصورة فاعلة.

ب- أنها أكثر تحقيقا لمبدأ العدالة الضريبية لأنها تنظر إلى المكلف بوصفه وحدة واحدة والدخل الجماعي يعبر عن القدرة المالية الحقيقية للمكلف.

ج- السهولة والاقتصاد في نفقات الجباية.

أما عيوب هذا النظام فانه لا يسمح بالتمييز في المعاملة الضريبية حسب مصدر الدخل اذ يجب تخفيف الضريبة على الدخل الذي مصدره العمل اكثر من الدخل الذي مصدره رأس المال. وكذلك يكون وقع هذه الضريبة شديدا على المكلف لأنه يدفع مبلغا كبيرا مرة واحدة.

٢. نظام الضريبة النوعية على الدخل:

يصنف دخل المكلف إلى اوعية متعددة حسب مصدره وتفرض ضريبة مستقلة على كل وعاء. ومن مزايا هذا النظام:

١. انه يسمح بالتمييز في المعاملة الضريبية حسب مصدر الدخل.

٢. انه ملائم لاستخدام الضريبة كاداة لتحقيق بعض الأهداف الاقتصادية والاجتماعية.

٣. يمكن ادارة الضريبة من تحديد مواعيد جباية لكل وعاء مما يجعل تدفق الإيرادات مستمرا على مدار ايام السنة وليس في نهايتها فقط.

٤. يكون وقع الضريبة قليلا لان المكلف يدفعها على شكل مبالغ متفرقة.

أما أهم عيوب هذا النظام فهي:

١. قد يقود إلى ازدواج ضريبي أن لم تكن التشريعات الضريبية محكمة.

٢. يحتاج إلى جهاز اداري كبير مما يزيد من تكاليف الجباية.

٣. بعيد نوعا ما عن العدالة لأنه لا ينظر إلى المكلف على انه وحدة واحدة

مما لا يمكن معه معاملة المكلفين المتماثلين في الدخل الاجمالي معاملة ضريبية متساوية.

٣-٣-٩-٢: ضرائب راس المال (الثروة) (١):

وهي الضرائب التي تتخذ من راس المال وعاء لها. ويقصد براس المال أو الثروة ما يحوزه المكلف من قيم استعماليه في لحظة زمنية معينة، سواء كانت على شكل قيم مادية أو حقوق معنوية كالاسهم والسندات أو على شكل نقود. وتتخذ الضرائب مع راس المال انواعا عدة منها:

١. الضريبة العادية على رأس المال:

تفرض هذه الضريبة على قيمة ثروة المكلف أو على بعضها. وتتميز بان سعرها منخفض لان وعائها من الضخامة مما يسمح بالحصول على ايرادات غزيرة.

٢. الضريبة الاستثنائية على رأس المال:

تفرض على ثروة المكلف ولكن تتميز بارتفاع سعرها. وذلك لأنها تفرض في ظروف استثنائية والمطلوب الحصول على حصيلة غزيرة منها، لان الدولة بحاجة ماسة إلى ايرادات كبيرة لتسديد الديون مثلا.

٣. ضريبة التركات:

تفرض على ثروة المتوفي بعد وفاته، وقد تفرض على مجموع التركة أو على نصيب الورثة أو على الاثنين معا.

(١) عادل فليح العلي، مصدر سابق، ص١٣٤ .

٣-٣-٩-٣: ضرائب الانفاق:

تفرض هذه الضرائب عند استعمال الدخل وانتقل الثروة وتكون على عدة انواع منها:

أولا: ضرائب الإنتاج

تفرض على السلع المنتجة محليا وقد تفرض مرة واحدة في بداية الإنتاج أو نهايته أو تفرض بشكل متدرج أي عند كل مرحلة من مراحل الإنتاج مثلا تفرض في مرحلة إنتاج المواد الأولية وفي مرحلة التصنيع وعند انتقالها إلى تاجر الجملة وعند انتقالها إلى تاجر المفرد وهكذا. وقد تفرض هذه الضريبة على القيمة المضافة للسلعة فقط والتي تمثل الزيادة في قيمة الإنتاج عند نهاية كل مرحلة عما هي عليه في بدايتها. ويتم ذلك من خلال دفع كل منتج ضريبة على مبيعاته مطروحا منه الضريبة على مشترياته. وقد تفرض هذه الضرائب على جميع السلع والخدمات أو على بعضها. وتستخدم الضرائب النوعية في تحقيق أهداف اقتصادية واجتماعية إضافة إلى الأهداف المالية.

ثانيا: الضرائب الكمركية

تفرض على السلع المستوردة وعند عبورها الحدود الأقليمية. وقد تفرض على القيمة الكلية للبضاعة المستورة كان تكون ١٠% أو تفرض على شكل مبلغ معين من كل وحدة من وحدات السلعة.

تستخدم الضرائب الكمركية لتحقيق أهداف اقتصادية مثل تشجيع الإنتاج الوطني من خلال فرض ضرائب عالية على السلع المستوردة لكي تقل المنافسة بين المنتجين أو لتقليل استيراد واستهلاك بعض السلع. اضافة إلى ما تحققه للدولة من ايرادات مالية. وأهمية هذه الضرائب تختلف حسب سياسة الدولة

ودرجة تطورها الاقتصادي. فهي تشكل نسبة ضئيلة من الإيرادات الضريبية في الدول الصناعية المتقدمة فهي في الولايات المتحدة ٥و١% وفي فرنسا ١و٠% وفي المملكة المتحدة بحدود ١و٠% وذلك بسبب تطورها الاقتصادي وسياستها الداعية إلى تحرير التجارة الخارجية من القيود. أما في الدول النامية فتشكل الضرائب الكمركية نسبة عالية من الإيرادات الضريبية فهي في مصر ٣ و٣١ % وفي تونس ٣٦% وفي الاردن ٤٢% وفي السودان ٤٦% وفي اليمن ٥ ,٧٣% عام ١٩٩١.

هناك عدة استثناءات من الضرائب الكمركية تتخذ عدة انظمة مثل:

١. نظام التجارة العابرة (الترانزيت): ويعني فرض ضرائب بسيطة جدا أو عدم فرض أي ضرائب على السلع التي تمر عبر أراضي البلد لتصل إلى بلد اخر.

٢. نظام استرداد الضريبة: لتشجيع الصناعة والتصدير. تفرض ضرائب على السلع المستوردة ومنها المواد الأولية ولكن عندما يعاد تصدير السلع المصنعة من هذه المواد تعاد الضريبة إلى المكلف.

٣. نظام المناطق الحرة: في هذا النظام تعتبر الدولة جزءا من اراضيها واقعة خارج حدودها من الناحية الكمركية.اذ تدخل السلع إلى هذه المنطقة من غير فرض الضرائب عليها... ويحدث ذلك لتشجيع التجارة الدولية.

٣-٣-٩-٤: الضرائب على التداول والتصرفات:

تشمل فرض ضريبة على الدخل والثروة حين يتم تداولها من يد لأخرى وعلى التصرفات القانونية وتكون على عدة صور منها ضريبة الطابع حيث يلصق الطابع على العقود والكمبيالات وغيرها. وضريبة التسجيل التي تفرض

على عمليات نقل الملكية لتوثيق ذلك رسميا مثل نقل ملكية العقارات والسيارات. كانت هذه الضرائب تفرض في بداية أمرها بشكل يتناسب مع حجم الخدمة التي تقدمها الدولة لذلك كانت تسمى الرسوم. أما في الوقت الحاضر فان سعرها لا يتناسب مع كلفة الخدمة المقدمة للشخص لذلك تكون من جنس الضرائب وليس من جنس الرسوم وذلك حسب المعنى الفني للضريبة والرسم.

٣-٣-٩-٥: الضرائب الخضراء[1]:

الضرائب التقليدية تفرض على ما يسمى بالمحاسن أي تفرض على الانشطة الاقتصادية الايجابية كالعمل والاستثمار والادخار وتحمل المخاطرة، مما يؤدي إلى التقليل من منافعها الاجتماعية لذلك يرى البعض بان من الضروري مكافئة هذه الانشطة برفع الضرائب عنها. وفي الوقت نفسه يجب أن تفرض الضرائب على الانشطة الاقتصادية السيئة أي تفرض الضرائب على المساويء لا على المحاسن أو بتعبير آخر تسمى الضرائب على الخطايا Sin Taxes كالضرائب على السكائر والتلوث وعلى كل الانشطة التي تسبب آثار خارجية غير مرغوبة. وتسمى هذه الضرائب بالضرائب الخضراء لأنها مصممة خصيصا لحماية البيئة وتحصيل الإيرادات. مثال لهذه الضرائب هو فرض ضريبة على الكاربون وهي تفرض على المنشات التي تطلق ثاني اوكسيد الكاربون للهواء وبدون معالجة. أن فرض هذه الضريبة سيجعل المنشات تعمل على التقليل من انبعاث غاز ثاني اوكسيد الكاربون مما يساعد على تحسين البيئة وفي الوقت نفسه تحصل الحكومة على الإيرادات.

(١) سامولسون و نوردهاوس، مصدر سابق، ص٣٤٧ .

٣-٣-١٠: الآثار الاقتصادية للضرائب:

تعتمد هـذه الآثار على عـوامل كثيرة منها كـون الضرائب مباشـرة أو غـير مباشـرة وأسعارها وطبيعة الاقتصاد ودرجة تطوره، وسياسـة الدولـة الانفـاقية وكذلك مجمل السياسـة المالية والاقتصادية وفيما ياتي دراسة لاثار الضرائب في أهم المتغيرات الاقتصادية:

٣-٣-١٠-١: اثر الضرائب على الاستهلاك والادخار:

تقتطع الضرائب جـزءا مـن دخـول الأفراد مـما يقلـل مـن حـجم استـهلاكهم وادخـارهم. ويميز هنا بين اثر الضرائب المباشرة وغـير المباشرة. فالضرائب غـير المباشرة تـؤدي إلى رفع أسعار السلع التي فرضت عليها مما يؤدي إلى انخفاض الطلب عليها والتقليل من استهلاكها وهذا الانخفاض في الاستهلاك يختلف من سلعة لأخرى وذلك تبعا لطبيعة الطلب عـلى هـذه السلعة أو تلك. وحتى لو لم ينخفض استهلاك سلعة ما لأنها ضرورية والطلب عليها غـير مـرن أو انخفض بنسبة ضئيلة فان ذلك سوف يقلل من استهلاك السلع الأخرى، لزيادة ما خصص مـن الدخل للسلع التي ارتفعت أسعارها.

أما الضرائب المباشرة فيعتمد على كونها نسبية ام تصاعدية فالضرائب النسبية تؤدي إلى خفض الاستهلاك بشكل اكبر من التصاعدية لأنها تأخذ نسبة واحدة من جميع الدخول. وبما أن الدخول الواطئة اكثر من العالية فان اصحابها سوف يقللون من استهلاكهم. أمـا الاغنيـاء فانهم سوف يقللون من ادخارهم فقط. أما الضرائب التصاعدية فإنها تصيب اكثر الدخول العالية لذلك تاثيرها يكون قليلا على الاستهلاك وكبيرا على الادخار.

بشكل عام كلما زادت الضرائب غير المباشرة ادت إلى خفض الاستهلاك

الخاص. وكلما زادت الضرائب المباشرة ادت إلى خفض الادخار الخاص. ويبقى اثر هذه الضرائب على الاستهلاك والادخار الكلي مرهونا بطبيعة الانفاق العام. فنقص الاستهلاك الخاص الذي تحدثه الضرائب قد يعوضه الاستهلاك العام. ويبقى حجم الاستهلاك الكلي ثابتا. كما قد يعوض نقص الادخار الخاص عن طريق زيادة الادخار العام بحيث يبقى الادخار الكلي ثابتا.

٣-٣-١٠-٢: اثر الضرائب على الإنتاج:

يتأثر الإنتاج بصورة تبعية بكل ما يؤثر على الاستهلاك والادخار. فاذا ما اثرت الضرائب في خفض الاستهلاك فهذا يعني أن الطلب قد انخفض على المنتجات فهذا يؤدي إلى خفض الإنتاج لعدم امكانية تصريف المنتجات. أما إذا اثرت الضرائب في خفض الادخار الخاص فان هذا يؤدي إلى انخفاض في الاستثمارات الجديدة وتقليل الحوافز على الاستثمار. كما تؤثر الضرائب في توجيه عناصر الإنتاج إلى قطاع إنتاجي اكثر من غيره وذلك من خلال تشديد الضرائب على منتجات القطاعات غير المرغوبة وتخفيضها على القطاعات الإنتاجية المرغوب فيها. كما تستخدم الضرائب الكمركية في تشجيع الإنتاج الوطني وحمايته من المنافسة الاجنبية.

أن اثر الضرائب في الإنتاج بشكل عام يكون سلبي أي يساهم في خفض الإنتاج لان فرض الضرائب على الإنتاج يعد جزءا من التكاليف. وكلما زادت تكاليف الإنتاج قلت الأرباح وقلت معها الحوافز على التوسع في الإنتاج القائم أو بناء منشات إنتاجية جديدة.

٣-٣-١٠-٣: اثر الضرائب على توزيع الدخل

يعتمد هذا الأثر على طبيعة الضرائب المفروضة، فاذا فرضت ضرائب غير

مباشرة فإنها تصيب الطبقات الفقيرة اكثر من الطبقات الغنية أي تعمق التفاوت في توزيع الدخل. أما إذا فرضت الضرائب المباشرة فاثرها يعتمد على كونها نسبية أو تصاعدية. فالضرائب النسبية تساهم في تعميق التفاوت في توزيع الدخل. أما الضرائب التصاعدية فتساهم في تقليل التفاوت في توزيع الدخل.

٣-٣-١٠-٤: اثر الضرائب على المستوى العام للأسعار:

لاشك أن الضرائب تعتبر كلفة يتحملها المنتج لذلك تساهم في رفع أسعار السلع والخدمات المنتجة. لان المنتج يحاول ما استطاع أن ينقل عبء الضريبة إلى الامام أي إلى المستهلك. وان كانت امكانية النقل هذا تعتمد على عدة امور منها مرونة كل من العرض والطلب والسوق الذي يعمل فيه المنتج. لذلك نرى أن الدولة عندما تريد أن تتبع سياسة انكماشية أي خفض الأسعار أو معالجة التضخم تلجا إلى رفع أسعار الضرائب مما يؤدي إلى رفع أسعار السلع والخدمات ومن ثم خفض الطلب الكلي والذي يؤدي إلى خفض الأسعار. والعكس صحيح ايضا. أن اختيار نوع الضرائب المفروضة وبالتالي طبيعة تاثيرها على توزيع الدخل تعتمد على اعتبارات اقتصادية واجتماعية. وكذلك تعتمد هذه الآثار على اوجه وطبيعة الانفاق العام.

المبحث الرابع

٣-٤: القروض العامة

تلجا الدولة إلى الاقتراض عندما لا تكفي الإيرادات العادية لتغطية النفقات العامة. وعدم امكانية زيادتها بسبب استنفاذ الطاقة الضريبية. وتستخدم القروض لتحقيق أهداف اقتصادية اضافة إلى الأهداف التمويلية.

٣-٤-١: تعريف القروض العامة وانواعها:

٣-٤-١-١: تعريف القرض

(هو مبلغ من المال تستدينه الدولة من الغير -افراد، مصارف، دول ـ وتتعهد بردة مع الفوائد. طبقا لاذن من السلطة التشريعية والذي يتضمن تحديد مبلغ القرض وفائدته ومدته وكيفيه تسديدة).

٣-٤-١-٢: انواع القروض العامة:

تصنف القروض إلى عدة انواع وحسب المعيار المعتمد: وهي:

أولا: حسب معيار الحرية إلى القروض الاختيارية والقروض الاجبارية إلى:

- القروض الاختيارية: هي القروض التي تعلن الدولة عن شروطها وتترك للجمهور حرية اقراضها. وهذا هو الاصل في القروض كافة.
- أما القروض الاجبارية: بان الدولة تعلن عن شروط القرض وتجبر الأفراد أو من لها سلطة عليه على اقراضها وتلجأ الدولة إلى ذلك في الظروف غير الاعتيادية.

ثانيا: حسب معيار الأقليم القروض الداخلية والقروض الخارجية إلى

- القروض الداخلية: وهي القروض التي يكون مصدرها رعايا الدول أو المقيمين على اراضيها وعادة ما تكون بالعملة المحلية ويستعمل لمعالجة العجز المالي في الإيرادات العامة.

- أما القروض الخارجية: هي القروض التي يكون مصدرها من خارج حدود الدولة كان تكون دول أو منظمات أو مصارف اجنبية وعادة ما تكون بالعملة الاجنبية وتستعمل لمعالجة العجز في ميزان المدفوعات أو لتمويل مشاريع اقتصادية أو أي اغراض أخرى.

من عيوب القروض الخارجية أنها تؤثر سلبيا على سعر صرف العملة المحلية عند حلول موعد السداد وكذلك تنقص من الثروة القومية. وغالبا ما تكون وسيلة للضغط السياسي بيد الدولة المقرضة. يحدث ذلك عندما لا تستخدم القروض في استثمارات ناجحة بحيث لا يتمكن البلد من سداد اقساط القروض والفوائد من عائد هذه الاستثمارات.

ثالثا: حسب مدة القرض إلى القروض القصيرة والمتوسطة والطويلة الاجل إلى

- القروض القصيرة الاجل: تكون مدتها اقل من سنة وتلجأ اليها الدولة لمعالجة الاختلاف الزمني بين تنفيذ النفقات وتحصيل الإيرادات. وتعرف هذه القروض باذونات الخزانة.

- القروض المتوسطة الاجل: تكون مدتها اكثر من سنة أو اقل من خمس سنوات.

- القروض الطويلة الاجل: تكون مدتها اكثر من خمس سنوات وتلجأ الدولة

إلى هذه القروض لاستخدامها في تمويل مشاريع التنمية الاقتصادية أو لتغطية تكاليف حربية أو دفاعية.

٣-٤-٢: التنظيم الفني للقروض: يتضمن التنظيم الفني للقروض نظام اصدار القروض العامة وانقضاءها[1]:

٣-٤-٢-١: نظام اصدار القروض العامة:

يصدر القرض عادة بقانون غير ملزم للمقرضين إلا في حالة القروض الاجبارية ويتضمن نظام اصدار القرض ما يأتي:

أولا: قيمة القرض

قد تحدد الدولة قيمة القرض المطلوب وعندها تطرح سندات للبيع بقدر قيمة القرض. يحدث هذا عندما تكون الدولة بحاجة إلى مبلغ محدد وكذلك عندما تتمتع بمركز مالي جيد يغري المقرضين باقراضها.

وقد لا تحدد الدولة قيمة القرض بل تحدد مدة الاكتتاب وعند انقضائها يغلق باب الاكتتاب. ويحدث ذلك عندما تحتاج الدولة إلى مبالغ كبيرة أو خشيتها من احتمال عدم تغطية مبلغ القرض نتيجة لضعف مركزها المالي أو عدم الاستقرار الاقتصادي.

ثانيا: الامتيازات

لكي يقدم المقرضون على شراء السندات العامة أي اقراض الدولة يجب

(١) عادل فليح العلي، طلال محمود كداوي، مصدر سابق، ص٢٤٥-٢٨٣, نوزاد الهيتي، مصدر سابق، ص١٦٠- ١٦٥ .

أن تحدد لهم الامتيازات لاغرائهم بتقديم القروض واهمها:

١. سعر الفائدة: يجب أن يحدد سعر الفائدة لكل قرض ويؤثر في تحديده عـدة عوامـل منهـا سعر الفائدة السائد في السوق وحالة الأسواق المالية والمركز المالي للدولة ومدى الثقة بهـا، وحجم القرض ومدته، وحالة التوقعات عن المستقبل من حيث التفاؤل والتشاؤم.

٢. الامتيازات الضريبية: لتشجيع الاكتتاب في القروض العامة قد تقرر الدولة اعفـاء السـندات وفوائدها من الضرائب.

٣. الامتيازات القانونية: مثل جعل السندات غير قابلة للحجز عليها لتسديد الديون التي بذمة المكلف.

٤. التأمين ضد انخفاض قيمة النقود: يتم ذلك من خلال ربط قيمة السند بالـذهب أو بعملـة أجنبية أو بسلة من العملات أو منح معدلات فائدة مرتفعة.

ثالثا: سعر الإصدار: تصدر القروض العامة باحد سعرين هما:

١. سعر التكافؤ: وهو السعر الذي تكون عنده القيمة الاسمية للسند معادلة للقيمـة الفعليـة التي تحصل عليها الدولة.

٢. اقل من سعر التكافؤ: إذا كانت القيمة الاسمية للسند اكبر من القيمة الفعلية التي تحصـل عليها الدولة. ويعرف الفرق بينهما بمكافأة الإصدار أو مكافأة التسديد.

رابعا: شكل السندات

تتخذ القروض العامة عادة شكل سندات حكومية تصدرها الدولة وقد

تكون من فئة واحدة أو عدة فئات. وكل سند مرتبط بقسائم تسـمى كوبونات الفوائد وتكون بعدد الاقساط المحددة لدفع الفوائد(أي بعدد سـنوات مـدة القرض) وتكون السـندات على ثلاثة انواع:

١. سندات اسمية: يدون اسم مالكها على السند وفي سجلات خاصة. ولا تدفع الفوائد وقيمـة السند إلا لمالك السند. ومن مزايا هذه السندات أنها مؤمنة من السرقة والضياع. إلا أنهـا قليلـة التـداول وذات سـيولة اقل لان بيـع السـند يتطلب تغيير الاسـم عـلى السـند وفي السجلات الخاصة.

٢. السندات لحاملها: تكون ملكيتها لحاملها على وفق قاعدة الحيازة في المنقول سند الملكية. هذه السندات بسيولة عالية بحيـث يتم تداولها بدون أي اجراءات رسمية. وكذلك عملية استلام الفوائد. إلا أنها معرضة لمخاطر السرقة والضياع.

٣. السندات المختلطة: تكون اسمية بالنسبة لقيمتها. ولحاملها بالنسبة لكوبونات الفوائد.

خامسا: طرائق الاكتتاب

هناك عدة طرائق للاكتتاب

١. الاكتتاب العام المباشر:

تقوم الدولة بعرض سندات القرض للبيع عن طريق ادارات حكومية محددة مثل دوائـر البريد أو دوائر وزارة المالية. ومن يرغب بالاكتتاب يتوجه إلى هذه الامـاكن. مـن محاسـن هـذه الطريقة أنها سهلة وتوفر للدولة العمولة التي

تتقاضاها المصارف عند قيامها بترويج السندات. وكذلك تمنع المضاربة بالسندات العامة. تكون هذه الطريقة اكثر نجاحا كلما زادت ثقة المقرضين بالدولة. ومن عيوبها أنها قد لا تغطي مبلغ القرض ما يزعزع الثقة بالدولة.

٢. الاكتتاب المصرفي:

تقوم الدولة ببيع السندات إلى المصارف بسعر اقل من السعر الاسمي ويقوم المصرف ببيعها بالسعر الاسمي محققا ارباحا هي الفرق بين السعرين. تتبع هذه الطريقة عند ما تكون الدولة بحاجة ماسة إلى مبلغ القرض اوعند الخوف من عدم امكانية تغطية مبلغ القرض عند طريق الاكتتاب المباشر. إلا أن هذه الطريقة تحرم الدولة من فرق السعر الذي يستحوذ عليه المصرف.

٣. الاكتتاب في سوق الاوراق المالية (البورصة):

تطرح السندات للبيع في سوق الاوراق المالية (البورصة) بدفعات صغيرة لتباع بسعر السوق وهذه الطريقة سهلة وقليلة التكاليف. إلا أن الدولة لا تستطيع طرح كميات كبيرة من السندات لئلا ينخفض سعرها وهذا يعني ارتفع فائدتها مما يحمل الدولة تكاليف عالية.

٤. الاكتتاب بالمزايدة:

تتخذ هذه الطريقة صورتين هما:

أ. تبيع الحكومة سندات القرض بالمزايدة على الأفراد والبنوك بعد أن تحدد سعرا ادنى للسند. فمن يدفع سعرا اعلى يلبى طلبة اولا، ثم الادنى فالادنى. مثال ذلك أن يحدد سعر ٩٠٠ دينار للسند الذي قيمته الاسمية ١٠٠٠ دينار، فتكون المزايدة محصورة بين هاتين القيمتين.

ب. تحدد الحكومة سعر فائدة اعلى مثل ١٠% وتسمح للمشتركين عرض سعر فائدة اقل. فمن يعرض سعر فائدة اقل يفوز بعملية شراء السندات.

٣-٤-٣: انقضاء القروض العامة:

يـقصد بانقضاء القرض العام رد اصله مع الفوائد المستحقة في اجـالها الـمحددة. ويـتم ذلك بطريقتين هما:

٣-٤-٣-١: الوفاء القروض:

أي تسديد القرض مع الفوائد في الوقت المحدد دفعة واحدة. ويتم ذلك عادة في القروض القصيرة الاجل حيث تسدد من موارد الدولة الاعتيادية.

٣-٤-٣-٢: استهلاك القروض:

يتم التخلص من عبء القرض على شكل دفعات خلال فترة معينة وتكون باساليب منها:

أولا: الاستهلاك على شكل اقساط سنوية محددة تتضمن جزء من قيمة القرض والفائدة.

ثانيا: الاستهلاك بالقرعة: تحدد الدولة المبلغ الذي تريد تسديده مع الفوائد المستحقة وتختار مجموعة من السندات بالقرعة وتسددها مع فوائدها. تكرر هـذه العمليـة سـنويا إلى أن يتم تسديد كامل القرض.

ثالثا: الاستهلاك عن طريق الأسواق المالية: تـقوم الـدولة بشراء السندات من السوق. ويحدث ذلك عندما تنخفض أسعار السـندات عـن قيمتهـا الاسـمية. ولا تـتمكن الدولـة مـن شراء سندات كثيرة لان أسعارها سوف ترتفع.

٣-٤-٤: تخفيف الاعباء المالية للقروض العامة:

تخفف اعباء القروض العامة بعدة اساليب منها:

٣-٤-٤-١: تثبيت القرض العام:

عندما لا ترغب الدولة في تسديد القرض لحملة السندات لسبب ما, فإنها تقوم باصدار قرض جديد بمبلغ القرض القديم نفسه وتسمح لحملة سندات القرض القديم باستبدالها بسندات القرض الجديد. وبذلك يحول القرض الذي حل موعد سداده إلى قرض جديد لمدة اطول. وقد يكون هذا التمويل اختياريا أو اجباريا وحسب ظروف الدولة المالية.

٣-٤-٤-٢: تبديل القرض العام:

تقوم الدولة بتبديل سندات القرض القديم بسندات جديدة وبالقيمة الاسمية نفسها ولكن بفائدة اقل. وهذا يعني استبدال القرض القديم بقرض جديد وبالقيمة نفسها مع خفض قيمة الفائدة. تلجأ الدولة إلى ذلك عندما ينخفض سعر الفائدة في السوق عن السعر المحدد في القرض. ويتم تبديل القروض الطويلة بقروض اقصر. ونجاح هذه العملية يعتمد على مدى الثقة بسياسة الدولة المالية والاقتصادية ومستوى النشاط الاقتصادي. فتكون العملية سهلة في اوقات الانتعاش الاقتصادي، وصعبة في حالة الكساد لان تفضيل السيولة النقدية يزداد عند المقرضين فيفضلون السداد على التبديل.

٣-٤-٤-٣: انكار القرض العام:

تعلن الدولة عن امتناعها عن تسديد القرض وفوائده. وتلجأ الدولة إلى ذلك بقصد تخفيف الاعباء المالية ولازالة غبن وقع عليها عند عقد القرض. أو

بقصد تحقيق العدالة الاجتماعية عندما يكون المقرضون من الاغنياء. إلا أن هذا الأسلوب يدمر الثقة بالمركز المالي للدولة ويقلل من قدرة الدولة على عقد قروض جديدة. أما على صعيد القروض الخارجية فانه يؤدي إلى ازمات اقتصادية وسياسية خطيرة.

٣-٤-٥: الآثار الاقتصادية للقروض العامة:

يمر القرض بثلاث مراحل. هي مرحلة اصدار القرض ومرحلة انفاق القرض ومرحلة تسديد القرض. وفي كل مرحلة تكون للقرض اثار تختلف عن اثاره في المراحل الأخرى. وفيما ياتي اثار القرض العام حسب هذه المراحل:

٣-٤-٥-١: اثار القرض العام في مرحلة اصدار القرض (الاقتراض):

يختلف اثر القرض في هذه المرحلة حسب مصدر القرض داخليا كان ام خارجيا:

أولا: اثر القرض الداخلي

القرض الداخلي أما أن يكون مصدره الأفراد أو البنوك التجارية أو البنك المركزي. واثر القرض يعتمد على مصدره.

١. إذا كان مصدر القرض الأفراد فان الأموال المقترضة إذا كانت مكتنزة وبعيدة عن التداول فاثر القرض يكون على شكل زيادة في القوة الشرائية وارتفاع في الطلب وزيادة في الإنتاج إذا كانت هناك طاقة إنتاجية عاطلة. والا ادى إلى ارتفاع الأسعار وحصول التضخم أي تكون اثار القرض توسعية. أما إذا كانت الأموال المقترضة مخصصة للاستثمار الخاص فيكون للقرض اثار انكماشية.

٢. إذا كان مصدر القرض البنوك التجارية والبنك المركزي: إذا كانت الأموال المقترضة من الاحتياطات والتي لا تؤثر على القدرة الاقراضية للبنوك فان اثر القرض يكون على شكل زيادة في القوة الشرائية وارتفاع في الطلب وزيادة في الإنتاج أي تكون له اثار توسعية. أما إذا اثر القرض على القدرة الاقراضية للبنوك فان اثر القرض يكون انكماشيا.

ثانيا: اثر القرض الخارجي

القرض الخارجي يضيف قوة شرائية جديدة وبذلك تكون له اثار توسعية ويساهم القرض الخارجي كذلك في تعديل ميزان المدفوعات وتحسين سعر صرف العملة المحلية. والقرض الخارجي أما أن يكون على شكل نقد اجنبي يستعمل في استيراد سلع وخدمات أو يكون على شكل سلع وخدمات. ومدى الآثار التوسعية يعتمد على نوع هذه السع المستوردة فاذا كانت سلعا استهلاكية فإنها تخفض أو تمنع من ارتفاع الأسعار واذا كانت سلعا إنتاجية فإنها تساهم في زيادة الإنتاج ورفع مستوى الدخل القومي ومستوى الاستخدام.

٣-٤-٥-٢: اثار القرض العام في مرحلة الانفاق:

تعتمد هذه الآثار على مصدر القرض داخليا كان ام خارجيا:

أولا: اثار انفاق القرض الداخلي

تكون الآثار توسعية. وحجم هذه الآثار يعتمد على نوع الانفاق والغرض منه. فتكون الآثار اكثر توسعية إذا انفق القرض في مجالات استثمارية تساهم في زيادة الإنتاج وكذلك إذا ما انفق لتقديم خدمات اجتماعية كالصحة والتعليم أو اعانات اقتصادية لمشاريع اقتصادية. وتعتمد هذه الآثار على مستوى النشاط الاقتصادي. فاذا كانت هذه الطاقة إنتاجية عاطلة فالآثار تكون زيادة في

حجم الاستخدام. أما إذا لم تكن هناك طاقات عاطلة فان انفاق القرض يزيد الطلب ويرفع الأسعار ويحصل التضخم.

ثانيا: اثار انفاق القرض الخارجي

تكون اثار توسعية إذا انفق في الداخل أما إذا انفق في الخارج فتكون اثاره معتمدة على نوع السلع والخدمات المستوردة. وبشكل عام تكون اثاره توسعية.أما إذا استخدام القرض الخارجي لتسديد قرض خارجية فانه لا يكون للقرض اثار على الاقتصاد القومي.

٣- ٤ ٥-٣: اثار القرض العام في مرحلة التسديد:

تختلف الآثار في هذه المرحلة في حالة كون القرض المسدد داخليا ام خارجيا.

أولا : اثار تسديد القروض الداخلية

تتوفق هذه الآثار على مصدر الأموال التي تستخدمها الدولة للتسديد فاذا كان مصدرها الضرائب غير المباشرة فإنها تؤدي إلى خفض الاستهلاك والطلب وانخفاض مستوى النشاط الاقتصادي أي اثار انكماشية. وتزداد هذه الآثار إذا كان مقرضوا الدولة من الاغنياء أو من البنوك التجارية التي لديها احتياطات نقدية غير مستثمرة.

أما إذا تم تمويل القروض من الضرائب المباشرة وكانت السندات مملوكة للطبقات المتوسطة والفقيرة فان الآثار تكون توسعية، لان الاغنياء هم الذين يتحملون عبء القرض. بينما يزداد دخل الفقراء مما يزيد من طلبهم على السلع وبذلك تكون الآثار توسعية. وعادة ما تلجأ الدولة إلى تسديد ديونها الداخلية في اوقات الكساد لتنشيط الطلب الاستهلاكي والاستثماري.

ثانيا: اثار تسديد القروض الخارجية

تسديد القروض الخارجية يتطلب اقتطاع جزء مـن الـثروة والـدخل القـومي عـلى شـكل
ضرائب تدفع حصيلتها للدائنين في الخارج وتكون الآثار انكماشية عـلى حجـم الـدخل القـومي
ومستوى الاستخدام وعادة ما تسدد القروض الخارجية بالعملة الاجنبية مما يؤثر سلبا على سعر
صرف العملة المحلية ويؤدي إلى احداث عجز في ميزان المدفوعات، ولهذه ايضا اثار انكماشية.

المبحث الخامس

٣-٥: الإصدار النقدي

٣-٥-١: مفهوم الإصدار النقدي:

عندما تعجز وسائل التمويل السابقة عـن تـوفير مبـالغ نقديـة كافيـة لتغطيـة النفقـات العامة, تلجأ الدولة إلى زيادة وسائل الدفع عـن طريق الإصدار النقـدي الجديد أو التوسـع في الائتمان المصرفي. يعني الإصدار النقدي خلق كمية من النقد الورقي تستخدمه الدولة في تمويـل نفقاتها العامة. أما التوسع في الائتمان المصرفي فان الدولـة تقترض مـن البنـوك التجاريـة التـي تستطيع خلق نوع جديد من النقود يسمى نقود الودائع وبالتالي اضافة كمية جديدة إلى وسائل الدفع.

أن الإصدار النقـدي الجديـد والتوسـع في الائتمان المصرفي يمـثلان قروضـا لا تسـتند إلى مدخرات حقيقية. وتؤدي إلى زيادة القوة الشرائية وارتفاع الطلب الكلـي مـما يـؤدي إلى ارتفاع الأسعار وانخفاض قيمة النقود، يحدث ذلك في حالة عدم تجاوب العرض لارتفاع الطلب أي في حالة عدم مرونة الجهاز الإنتاجي وعـدم وجـود طاقـات إنتاجيـة عاطلـة. أمـا إذا كانت هنـاك طاقات إنتاجية عاطلة فان زيادة وسائل الدفع سوف تؤدي إلى تشـغيل هـذه الطاقـات وزيـادة الإنتاج والاستخدام. أما في حالة وجود الاستخدام الكامل فان زيادة عـرض النقد بهـذه الوسـيلة تؤدي إلى ارتفاع في الأسعار أي يكون لها اثار تضخمية مباشرة[١].

---

(١) عادل فليح العلي، طلال محمود كداوي، ج١، مصدر سابق، ص ٢٦٢-٢٦٣ .

٣-٥-٢: موقف الفكر المالي من الإصدار النقدي:

هناك موقفين للفكر المالي من الإصدار النقدي هما:

٣-٥-٢-١: موقف الفكر المالي التقليدي:

لقد عارض الفكر المالي التقليدي هذه الوسيلة للتمويل للاسباب الآتية:

٣-٥-١-١: أن الفكر التقليدي يفترض حصول التوازن الاقتصادي تلقائيا وعنـد مسـتوى الاستخدام التام

فاذا ما قامت الدولة بتمويل نفقاتها عن طريق الإصدار النقدي الجديد فان هـذا يعـد تدخلا غير مرغوب فيه لأنه يعيق عمل الية السـوق أو جهـاز الـثمن عـن أداء مهمتـه في اعـادة التوازن إلى الاقتصاد القومي. فالتمويل بالعجز أو بالتضخم يؤدي إلى ارتفاع الأسعار وقـد يـؤدي إلى المزيد من الارتفاع في الأسعار بسبب زيادة الطلب على السلع والخدمات لتوقع المسـتهلكين ارتفاعات اكبر في الأسعار في المستقبل. أمـا مـن جهـة المنتجـين والعارضـين فـانهم يقللـون مـن إنتاجهم أو من ما يعرضون من سلع املا في ارباح اكبر في المستقبل وكل هـذا يـؤدي إلى المزيـد من الارتفاع في الأسعار وتدهور مستمر في قيمة النقود.

٣-٥-١-٢: يضر ارتفاع الأسعار باصحاب الدخول الثابتة

والتي تتميز بعدم مرونتها أي أنها لا تتغـير بسـرعة تغـير الاوضـاع الاقتصـادية وخاصـة المستوى العام للأسعار مثل الرواتب والعقود طويلة الاجل مثل الايجارات. أما اصحاب الـدخول المرنة كالارباح فانهم ينتفعون مـن التضـخم. وهـذا يعنـي أن التضـخم يـؤدي إلى اعـادة توزيـع الدخل لصالح اصحاب الدخول المرنة على حساب اصحاب الدخول الثابتة.

٣-٥-١-٣: يؤثر التضخم تاثير سلبي على الادخار.

فارتفاع الأسعار وتدهور قيمة النقود يجعل الأفراد يميلون إلى تفضيل اقتناء السلع على الاحتفاظ بالنقود مما يؤدي إلى زيادة الاستهلاك على حساب المدخرات السابقة والحالية.

٣-٥-١-٤: يؤدي التضخم إلى عجز في ميزان المدفوعات

لان ارتفاع الأسعار يقلل من الصادرات حيث تصبح السلع الوطنية مرتفعة السعر بالقياس مع السلع الاجنبية مما يقلل من فرص التسويق الخارجي أو التصدير. وكذلك تزداد الاستيرادات لان السلع الاجنبية تبدو رخيصة مقارنة مع السلع الوطنية.

٣-٥-٢-٢: موقف الفكر المالي الحديث من الإصدار النقدي:

أما الفكر المالي الحديث فيرى امكانية لجوء الدولة إلى هذه الوسيلة للتمويل في حالة وجود موارد اقتصادية عاطلة. وهنا يجب التمييز بين حالة الدول المتقدمة والمتخلفة. ففي حالة الدول المتقدمة يكون جهازها الإنتاجي عالي المرونه ومتكامل. فان أي زيادة في الطلب تنعكس على شكل زيادة مستمرة في الإنتاج إلى أن يصل الاقتصاد إلى حالة الاستخدام التام. ففي هذه الدول ومثل هذه الحالة لابئس أو يفضل اللجوء إلى هذه الطريقة للتمويل إلى أن يصل الاقتصاد إلى حالة الاستخدام التام. أما في الدول النامية فإنها ذات جهاز إنتاجي غير مرن وغير متكامل. فاذا ما لجأت هذه الدول إلى الإصدار النقدي

فان تأثيره يكون على شكل ارتفاع في الأسعار وانخفاض في قيمة النقود أي التضخم.

وبشكل عام عند اللجوء إلى هذه الطريقة في تمويل النفقات العامة يجب الاخـذ بنظر الاعتبار عدة امور منها:

أولا: مدى مرونة الجهاز الإنتاجي وقدرته في الاستجابة للمتغيرات التي تحصل في الطلب.

ثانيا: استخدام هذا الأسلوب في تمويل النفقات الاستثمارية خاصة في المشاريع الإنتاجيـة ذات العائد المرتفع والتي تتطلب فترة حمل قصيرة. لكي يمكن كبح الأثر التضخمي الذي يحدثه التدفق النقدي اللازم لانشـاء المشـروع. أي أن الإنتـاج الجديد يسـاهم في إشباع الطلب المتولد من التدفقات النقدية في فترة انشاء المشروع.

ثالثا: ضرورة دراسة مرونات الطلـب الداخليـة للسـلع المختلفـة ومعرفـة السـلع التـي يـزداد الطلب عليها عند زيادة الدخول. ومن ثم العمـل عـلى انشـاء المشاريع التـي تنتـج هـذه السلع.

المبحث السادس

٣-٦: الإيرادات الأخرى

تتميز هذه الإيرادات بانخفاض أهميتها النسبية بسبب ضآلة حجمها وعدم انتظامها وقد تكون غير مقصودة لذاتها. ومن هذه الإيرادات ما يأتي:

٣-٦-١: الاعانات [1]:

وهي الأموال التي تحصل عليها الدولة لمساعدتها في تمويل نفقاتها.

٣-٦-١-١: انواع الاعانات من حيث مصدرها:

أولا: الاعانات الداخلية: وهي الأموال التي تحصل عليها الدولة من داخل البلد أي من الأفراد أو المؤسسات الوطنية. وتقدم بدافع وطني لمساعدة الدولة في تنفيذ برامج معينة.

ثانيا: الاعانات الخارجية: وهي الاعانات التي تقدم للدولة من خارجها من دول أو مؤسسات أو افراد.

٣-٦-١-٢: انواع الاعانات من حيث طبيعتها:

أولا: الاعانات النقدية: اذ تقدم للدولة على شكل نقود سواء بالعملة المحلية أو الاجنبية. وهذه النقود تمكن الدولة من اختيار السلع والخدمات التي تحتاجها.

ثانيا: الاعانات العينية: وتعني تقديم سلع وخدمات حقيقية مثل تقديم المواد الغذائية أو سلع مدنية أو عسكرية وهنا تحرم الدولة من حق الاختيار.

---

(١) علي خليل، سليمان اللوزي، المالية العلمة، دار زهران، عمان, ٢٠٠٠, ص٢٩٤ .

٣-٦-١-٣: انواع الاعانات من حيث الالتزامات:

أولا: الاعانات المشروطة: وهذه عادة تكون في الاعانات الخارجية حيث تفرض الدولة المانحـة شروطها على الدولة الممنوحة يجب الالتزام بها مقابل حصولها على الاعانات مثـل اتخـاذ مواقف سياسية أو عسكرية معينة.

ثانيا: الاعانات غير المشروطة: وهي الاعانات التي تقدم للدولة مـن غـير أن يترتـب عليهـا أي التزام قد يقدح في استقلالها السياسي أو الاقتصادي.

٣-٦-١-٤: انواع الاعانات من حيث أسبابها:

أولا: الاعانات لاسباب سياسية: تقدمها بعض الدول الغنية للـدول الأخرى رغبـة في أن تسـير هذه الدولة في ركابها أو أن تتبنى مواقف معينة أو تـدخل معهـا في احلاف سياسية أو عسكرية... وهذا هو اهم سبب لتقديم الاعانات.

ثانيا: الاعانات لاسباب اقتصادية: قد يكون لدى بعـض الـدول فائض في إنتـاج بعـض السـلع يفوق الطلب عليها ولتفادي انخفاض الأسعار أو حصول البطالـة تلجـأ هـذه الدولـة إلى تقديم جزء من هذا الناتج على شكل مساعدات للدول الأخرى. أو تخلق بذلك طلبـا علـى إنتاجها وتبعد شبح الركود عنها.

ثالثا: الاعانات لاسباب انسانية: وتشمل في مساعدة الدول الفقـيرة مـن خـلال تقـديم المـواد الغذائية أو الأدوية أو انواع الاغاثة في حالات الكوارث الطبيعية أو الحـروب أو مسـاعدتها في مجالات التنمية المختلفة كالتنمية الاجتماعية والصناعة والزراعة.

٣-٦-٢: الاتاوات:

وهي ما تحصل عليه الدولة من مبالغ نقدية من اصحاب العقارات والاراضي مقابل النفع المادي الخاص الذي يعود عليهم من جراء قيامها باعمال ذات نفع عام. فعندما تقوم الدولة بتبليط الطرائق وشبكات الكهرباء والماء والهاتف وهي اعمال ذات نفع عام. فان اصحاب العمارات والدور والاراضي سوف تزداد قيمتها الرأسمالية وتزداد ايجاراتها. لذلك تجبرهم الدولة على دفع اتاوة تتناسب مع مقدار النفع الذي حصلوا عليه. وأهمية هذه الإيرادات قليلة جدا.

٣-٦-٣: الغرامات الجزائية:

وهي العقوبات المالية التي تفرضها الدولة على مرتكبي المخالفات القانونية ويهدف إلى ردع الأفراد عن ارتكاب هذه المخالفات اكثر مما تهدف إلى تحقيق ايراد مالي. واهمية هذه الإيرادات قليلة بشكل عام. وتتأثر حصيلتها بمستوى الوعي الاجتماعي الأفراد المجتمع. فكلما زاد الوعي الاجتماعي كلما قلت المخالفات وقلت معها الغرامات والعكس صحيح.

الفصل الرابع
الموازنة العامة

الفصل الرابع
الموازنة العامة

يتناول هذا الفصل المباحث الآتية:

٤-١: المبحث الاول: تعريف الموازنة العامة

٤-٢: المبحث الثاني: تقسيمات الموازنة العامة

٤-٣: المبحث الثالث: قواعد الموازنة العامة

٤-٤: المبحث الرابع: مراحل الموازنة العامة

٤-٥: المبحث الخامس: السياسة المالية

المبحث الاول

٤-١: تعريف بالموازنة العامة:

٤-١-١: تعريف الموازنة العامة:

هي خطة مالية سنوية تعرض على السلطة التشريعية لإقرارها وتحتوي علي تقديـرات لنفقات وايرادات الدولة لسنة مقبلة لأجل تحقيق أهـداف اقتصـادية واجتماعيـة. نسـتنتج مـن هذا التعريف السمات الآتية للموازنة العامة:

٤-١-١-١: الموازنة العامة توقع:

تمثل الموازنة العامة أرقاما متوقعة لحجـم النفقـات التـي سـوف تنفقهـا الدولـة وحجـم الإيرادات التي تتوقع الحصول عليها خلال مدة زمنية تقدر غالبا بسنة واحدة أو بمعنى آخر هي برنامج عمل مستقبلي لنشاط الدولة المالي لسنة قادمة.

٤-١-١-٢: الموازنة العامة إجازة من السلطة التشريعية:

لا توضع الموازنة العامة موضع التطبيق ما لم توافق عليها السلطة التشريعية في الدولـة. وتكون الموافقة على شكل قانون يخول السلطة التنفيذية تطبيـق الموازنـة العامـة والعمـل عـلى ضوئها. وللسلطة التشريعية مراقبة السلطة التنفيذية في هذا المجال.

٤-١-١-٣: الموازنة العامة ذات صفة دورية:

أي أنها تعد كل سنة. والاذن بتنفيذها محدد زمنيا بسنة واحدة ينتهي بانتهائها.

٤-١-١-٤: الموازنة العامة تحدد على ضوء الأهداف الاقتصادية والاجتماعية:

لم تعد للموازنة العامة أهداف مالية فقط تتمثل في الموازنة بين النفقـات والإيرادات بـل أصبحت أداة مهمة من أدوات السياسة الاقتصادية والاجتماعية حيث تستخدمها الدولة لتحقيق الأهداف الاقتصادية والاجتماعية.

٤-١-٢: الفرق بين الموازنة العامة وبعض المفاهيم المالية الأخرى:

٤-١-٢-١: الموازنة العامة وميزانية المشروعات:

الميزانية السنوية لمشرع معين هي عبارة عن حساب لموجودات ومطلوبات المشروع في تاريخ معين نتيجة لعملياته التي تمت في فترة زمنية محددة ماضية وفقا لقواعد يهتم بها علم المحاسبة. أما المـوازنة العامة فإنها تهتم بمـدة زمـنية مستـقبلية, ولا تـعطي أرقـاما لـمطلوبات وموجودات الدولة في تاريخ معين، بل تعطي توقعات لنفقات وايرادات الدولة لسنة قادمة، ويشترط لنفاذها موافقة السلطة التشريعية.

٤-١-٢-٢: الموازنة العامة والميزانية القومية والحسابات القومية:

يقصد بالميزانية القومية التقديرات الكمية المتوقعـة لنشـاط الاقتصاد القومي (القطاع العام والخاص) خلال سنة مقبلة، أمـا الموازنـة العامـة فهـي تقـدير لنشـاط الدولـة المـالي فقـط. وهناك علاقـة وثيقـة بـين المفهـومين لان الموازنـة العامـة هـي جـزء مـن الميزانيـة القوميـة. أمـا الحسابات القومية فيقصد بها الدراسة الكمية للنشاط الاقتصادي القومي خلال سنة ماضية، أي حسابات الدخل القومي وتكوينه وتداوله وتوزيعه.

٤-١-٣: دور الموازنة العامة في النظرية الاقتصادية:

مر دور الموازنة العامة بمرحلتين هما:

٤-١-٣-١: دور الموازنة العامة في ظل النظرية الكلاسيكية:

تدعو النظرية الكلاسيكية إلى عدم تدخل الدولة في الحياة الاقتصادية، وقد ترتب على ذلك فكرة حيادية الموازنة والتي تعني عدم استخدام الموازنة العامة كأداة بيد الدولة للتأثير في الحياة الاقتصادية والاجتماعية وعليه تكون أفضل الموازنات، اقلها نفقات، وكذلك ضرورة تساوي الإيرادات والنفقات العامة ورفض أي عجز أو فائض في الموازنة العامة.

٤-١-٣-٢: دور الموازنة العامة في المالية الحديثة:

تدعو هذه النظرية إلى تدخل الدولة في الحياة الاقتصادية والاجتماعية. وبذلك أصبحت الموازنة العامة أداة مهمة تستخدمها الدولة لتحقيق الأهداف التي تسعى اليها. ويترتب على ذلك التضحية بالتوازن المالي (توازن الموازنة) في سبيل تحقيق التوازن الاقتصادي والاجتماعي.

والموازنة العامة الحديثة تعبر عن توجهات الدولة لسنة مقبلة. وتترجم بصورة رقمية جميع انشطة الدولة والاصلاحات المحتمل إدخالها. وأصبحت الموازنة الحديثة مندمجة في الاقتصاد القومي وأداة مهمة من أدوات تنفيذ السياسة العامة للدولة لتحقيق الأهداف الاقتصادية والاجتماعية فهي تسخر لتحقيق التنمية والرفاهية والعدالة الاجتماعية واعادة توزيع الدخل بين أفراد وفئات المجتمع.

٤-١-٤: أهداف الموازنة العامة:

تعكس الموازنة العامة فلسفة الدولة وأهدافها المالية والاقتصادية والاجتماعية في ظل تطور دور الدولة:

٤-١-٤-١: الأهداف المالية:

تعكس الموازنة العامة المركز المالي للدولة. حيث أنها وثيقة مالية تبين بالتفصيل واردات الدولة ونفقاتها والاغراض التي تخصص لها. فهي تكشف الوضع المالي للدولة, فتوازن الموازنة يبين سلامة المركز المالي للدولة.

٤-١-٤-٢: الأهداف الاقتصادية:

تسعى الدولة من خلال الموازنة العامة إلى تحقيق الاستقرار الاقتصادي. ويتم ذلك من خلال استخدام عجز الموازنة أو فائضها لتحقيق التوازن الاقتصادي القومي عند مستوى التشغيل الكامل, ففي فترات الرواج الاقتصادي عندما تزداد قوى التضخم يستخدم فائض الموازنة (الإيرادات اكبر من النفقات) لسحب قدر من القوة الشرائية للحد من الطلب الفعلي المتزايد. وبذلك يمكن القضاء على أخطار التضخم أو الحد منها. أما في فترات الكساد فيستخدم التمويل بالعجز (النفقات اكبر من الإيرادات) لرفد النشاط الاقتصادي بمزيد من القوة الشرائية وذلك في محاولة للحد من انخفاض الدخل القومي والقضاء على العوامل الانكماشية أو الحد منها على الأقل.

٤-١-٤-٣: الأهداف الاجتماعية:

تسعى الدولة لتحقيق التوازن الاجتماعي وذالك من خلال استخدام الموازنة العامة لإعادة توزيع الدخل القومي عن طريق فرض بعض الضرائب

المباشرة التصاعدية. واستخدام حصيلتها لتمويل بعض انواع النفقات التي تستفيد منها الطبقات الفقيرة مثل الاعانات الاجتماعية ودعم السلع الاستهلاكية الضرورية والتعليم المجاني والخدمات الصحية المجانية أو التي تقدم بسعر يقل كثيرا عن كلفة إنتاجها.

المبحث الثاني

٤-٢: تقسيمات الموازنة العامة

هناك نوعان من التقسيمات. الاول هو التقسيم العلمي والثاني هو التقسيم الاقتصادي.

٤-٢-١: التقسيم العلمي:

يتم تبويب الموازنة العامة فيه حسب الأهداف التي يحققها كل تـقسيم وكما يأتي:

٤-٢-١-١: التقسيم الإداري:

يتخذ هذا النوع من التقسيم الجهة الحكومية معيارا لتصنيف النفقات والإيرادات العامة، أي أن هذا التقسيم يعكس الخريطة التنظيمية لهيكل الدولة الإداري. وتوزع النفقات حسب الوزارة التي تقوم بانفاقها بغض النظر عن المهمة التي تؤديها هذه النفقة مثال ذلك هناك اعتمادات لوزارة الصحة التي مهمتها صحية وتنطوي تحتها مؤسسات تعليمية صحية. وكذلك اعتمادات وزارة التربية التي مهمتها تربوية وتنطوي تحتها خدمات الصحة المدرسية وهكذا باقي مفردات الهيكل الإداري للدولة. بغض النظر عن تفاصيل طبيعة الانفاق العام. يتسم هذا التقسيم ببساطته وسهولة فهمه ومراقبته من قبل المواطنين والرأي العام. كما تعرف المؤسسة الحكومية ما مخصص لها من اعتمادات وأسلوب انفاقها. وكذلك يسهل على السلـطة التشريعية مـراقبة تنفيذ الاعتـمادات وكيفية استخدامها.

من عيوب هذا التقسيم انه لا يطلع الاقتصادي على مستوى عمليات

النشاط المالي للدولة بشكل مفصل في المجالات الاقتصادية والاجتماعية. كما أن تبويب الإيرادات حسب الجهة التي تقوم بالتحصيل لا تمكن من معرفة العيوب الاجمالية المصاحبة لعملية تحصيلها أو عيوب كل إيراد على حدة. لذلك يتعذر وضع سياسة ايرادية متكاملة تؤمن تنفيذ خطط التنمية.

٤-٢-١-٢: التقسيم الوظيفي:

تصنف فيه النفقات العامة في مجموعات متجانسة وفقا للخدمات العامة التي تقدمها. فالمعيار المعتمد هنا نوع الوظيفة التي ينفق المال العام من اجلها بغض النظر عن الجهة التي تقوم بعملية الانفاق.

وتصنف الخدمات العامة التي تقدمها الدولة إلى خدمات عامة جماعية واجتماعية واقتصادية. وتتضمن الخدمات العامة التي تؤديها الدولة الخدمات السيادية التي لا يمكن إسناد مهمة أدائها إلى القطاع الخاص مثل خدمات العدالة والادارة والدفاع والأمن. أما الخدمات الاجتماعية فتشمل اوجه النشاط العام الذي تتولاه الدولة في الغالب كالتعليم والضمان الاجتماعي والخدمات الضرورية للمعيشة كالخدمات الصحية وتعبيد الطرائق وشبكات الماء والمجاري، وتقع هذه الخدمات ضمن نشاط الدولة خشية من احتكارها من قبل القطاع الخاص مما قد يضر بالمواطنين. أما الخدمات الاقتصادية فتشمل الخدمات التي تقدم على أساس تجاري مثل استخراج المعادن وتوليد الطاقة الكهربائية والمشاريع الصناعية.

وفيما يخص جانب الإيرادات فإنها تقسم حسب نوعها كالضرائب والرسوم وفائض الاقتصاد العام. من مزايا هذا التقسيم انه يسهل للمواطن التعرف على طبيعة الموازنة ومضمونها. كما يمكن من تحليل النشاط المالي

للدولة وتتبع التغيرات الحاصلة فيه. وتقييم انشطة وحدات القطاع العام وبيان دورها وأهميتها في الاقتصاد ويكون هذا التقسيم أكثر أهمية في المقارنات الدولية.

٤-٢-١-٣: التقسيم النوعي:

يعمل بهذا التقسيم بعد التقسيم الإداري حيث يجري تبويب النفقات العامة لكل وحدة من وحدات القطاع العام تبويبا إداريا إلى اصغر وحدة بعدها يتم تقسيم النفقات تقسيما نوعيا متشابها في كل الوحدات الإدارية مثل تقسيمها إلى أجور وطاقة وقرطاسية ورواتب وصيانة... الخ. هذه الانواع تكون مشتركة في جميع الوحدات. ومن هنا نبعت فكرة النظام المحاسبي الموحد لوحدات القطاع العام.

أن هذا التقسيم يسهل من عملية الرقابة ويلزم رؤساء الوحدات الحكومية بالتقيد في الانفاق بحسب ما معتمد لكل نوع من انواع النفقات. كذلك يساعد هذا التقسيم على تقدير أفضل للايرادات في السنة القادمة.

٤-٤- ٢: التقسيم الاقتصادي:

يتم هذا التقسيم على أساس اعتبارات اقتصادية. ويستفاد منه في التحليل الاقتصادي لآثار النشاط المالي للدولة. أن التقسيمات الاقتصادية للموازنة العامة مهمة وضرورية حيث تمكن الباحث أو المسؤول من قياس الآثار الأولية للاقتصاد العام على النشاط الاقتصادي الكلي. مثل دور القطاع العام في رفع مستوى الاستخدام والدخل القومي. كما تبين حصة الاستثمارات العامة من مجموع الاستثمارات القومية. وكذلك تبين الآثار التوسعية أو الانكماشية لنشاط الدولة المالي من خلال قياس التغير في حجم النفقات والإيرادات العامة. أن

التقسيمات الاقتصادية للموازنة العامة مهمة وضرورية ويضم هذا التقسيم ما يأتي:

٤-٢-٢- ١: تقسيم الموازنة إلى ايرادات ونفقات:

تقسم بنود الموازنة إلى قسمين ايرادات عامة ونفقات عامة ويستفاد من هذا التقسيم في الامور الآتية:

أولا: معرفة اجمالي الإيرادات والنفقات العامة بحيث تتاح الفرصة للتعرف على الاتجاهات التوسعية (زيادة النفقات على الإيرادات) وبالعكس على الاتجاهات الانكماشية في الاقتصاد القومي.

ثانيا: توضيح أهداف السياسة المالية والاهمية النسبية للحاجات العامة بحيث يتحقق ذلك من خلال دراسة هيكل الإيرادات والنفقات معا.

ثالثا: الوقوف على تطور المالية والسياسة المالية في الدولة خلال فترات متباينة. وكذلك دراسة الاهمية النسبية لمختلف الإيرادات والنفقات بين دولتين أو أكثر.

٤-٢-٢-٢: تقسيم الموازنة إلى نفقات أحادية وثنائية:

النفقات الاحادية هي العمليات المالية التي تتضمن تدفق النقود أو السلع والخدمات من الدولة إلى أفراد دون أن يقابلها شيء أو العكس مثل الضرائب والاعانات للفقراء ومرتبات التقاعد. أما النفقات الثنائية فهي تتضمن تدفقا متبادلا بين الدولة والأفراد أو بالعكس مثل الرواتب والاجور ومشتريات الدولة والرسوم. وبشكل عام النوع الاول يسمى بالتدفقات التحويلية. والثاني التدفقات الثنائية أي الانفاق على شراء السلع والخدمات.

٤-٢-٢-٣: تقسيم الموازنة إلى عمليات جارية ورأسمالية

تتضمن العمليات الجارية البنود المتكررة في الموازنة كـل سـنة. وهـي تشـمل الخـدمات والإيرادات التي تتسم بالاستمرار والثبات. أما العمليات الرأسـمالية فتشـمل العمليـات المتعلقـة بتكوين رأس المال العيني. وتتميز العمليات الرأسمالية بعـدم انتظامهـا وعـدم تكررهـا. أن هـذا التقسيم ضروري لمعرفة حجم الاستثمارات العامة في الدول التي يقوم فيهـا القطـاع العـام بـدور فعال في عملية التنمية والتطور الاقتصادي. كما أن هذا التقسيم مهم في مرحلـة اعتمـاد الموازنـة من قبل السلطة التشريعية. فتكون الموافقة شكلية بالنسبة للنفقات الجارية لأنها تتكـرر سـنويا مع تغير بسيط. أما الموافقة على النفقات الاستثمارية فتحتاج إلى تدقيق ودراسة لأنها لا تتكـرر سنويا.

المبحث الثالث

٤-٣: قواعد الموازنة العامة

هناك عدة قواعد تتبع عند إعداد الموازنة العامة. وهذه القواعد من شانها أن تسهل من التعرف على المركز المالي للدولة. وقد سادت هذه القواعد كنتاج للفكر المالي التقليدي. إلا أن الفكر المالي الحديث قد احدث استثناءات كثيرة وخروج عن هذه القواعد. واهم هذه القواعد ما يأتي:

٤-٣-١: قاعدة سنوية الموازنة:

٤-٣-١-١: مضمون القاعدة:

يقصد بسنوية الموازنة أن ايرادات الدولة ونفقاتها يتم تقديرها بصفة دورية وتقرها السلطة التشريعية كل سنة. ومن أسباب اختيار مدة سنة ما يأتي:

أولا: أن غالبية الحسابات العامة تحدد بسنة مثل حسابات الدخل القومي.

ثانيا: أن إعداد ومناقشة واعتماد الموازنة يعد عملا كبيرا يحتاج لمدة طويلة نسبيا لا تناسبها مدة اقل من سنة.

ثالثا: أن اعتماد مدة أطول من سنة يحول دون التقدير الدقيق للايرادات والنفقات.

رابعا: أن الرقابة التشريعية قد تضعف أن كانت المدة أطول من سنة.

خامسا: أن الضرائب المباشرة تستحصل سنويا.

سادسا: المشاريع الخاصة تجري حساباتها بشكل سنوي. كما أن السنة تضمن كل الفصول الزراعية مما يتيح فرض الضرائب على الدخل الزراعي.

سابعا: سهولة المقارنة بين البيانات المتعلقة بموازنات الدول ويفضل أن يكون بدء السنة المالية ونهايتها موحد بين الدول التي ترتبط فيما بينها بمصالح اقتصادية ومالية وسياسية مشتركة مثل دول مجلس التعاون الخليجي ودول الجامعة العربية ودول الاتحاد الاوربي.

٤-٣-١-٢: تاريخ ختم السنة المالية:

تحتاج السلطات المالية إلى تعيين تاريخ قفل حسابات الموازنة نهائيا. فهل الحساب النهائي للسنة المالية يختم بصورة نهائية في اليوم الاخير من انتهاء السنة المالية, أم يتأخر ختامه إلى أن يتم تحصيل الضرائب والرسوم التي استحقت للخزينة العامة ويتعذر جبايتها خلال السنة. والى أن تتم تأدية (انفاق) المبالغ التي استحقت على الدولة خلال السنة المالية وتعذر دفعها (انفاقها) قبل انقضاء السنة المالية. هناك طريقتين لمعالجة هذا الموضوع هما طريقة حسابات الخزانة (الطريقة النقدية) وطريقة حسابات التسوية (حساب الاستحقاق) وكما يأتي:

أولا: طريقة حسابات الخزانة (الطريقة النقدية)

حسب هذه الطريقة لا يشمل الحساب الختامي للموازنة إلا الإيرادات التي تم تحصيلها فعلا والنفقات التي تم انفاقها فعلا. ولا يشمل الإيرادات والنفقات التي تنفذ بعد انتهاء السنة المالية المعنية بل تضاف إلى السنة المالية اللاحقة.

تؤدي هذه الطريقة إلى الاسراع بإقفال حسابات السنة المالية. مما يترتب على ذلك عيب مهم يتمثل في سعي العديد من الادارات الحكومية إلى انفاق كافة اعتماداتها قبل نهاية السنة المالية. وقد يكون ذلك مدعاة إلى الاسراف والتبذير. وأحيانا تعمل الحكومة على تأخير تسديد التزاماتها المالية والديون المستحقة عليها بهدف إعطاء صورة متوازنة للحساب الختامي. وبذلك يعاب

على هذه الطريقة أنها لا تظهر حقيقة الوضع المالي للدولة أثناء السنة المالية. إلا أن هذه الطريقة تمتاز بسهولة التطبيق ومعرفة الرصيد وتبيان حالة الصندوق بوضوح. وتتبع اغلب الدول هذه الطريقة.

ثانيا: طريقة حسابات التسوية (حساب الاستحقاق):

يتم حسب هذه الطريقة قيد كافة النفقات سواء تلك التي تمت فعلا خلال السنة المالية أو تلك التي حصل التزام قانوني بانفاقها ولم تنفق فعلا. وكذلك الإيرادات التي تم تحصيلها أو التي نشأ للدولة حق في تحصيلها ولم تستحصل بشكل فعلي.

تمتاز هذه الطريقة بانها تظهر حقيقة المركز المالي للدولة خلال السنة المالية. كما أنها تعطي فكرة دقيقة عن نشاط الدولة خلال السنة المالية. أما من عيوبها فان الحساب النهائي يبقى مفتوحا لمدة لاحقة. وقد اخذت اغلب الدول الاخذة بهذه الطريقة قرارات بتحديد هذه المدة المتممة بحيث لا تتجاوز بضعة أشهر لان الديون المستحقة على الدولة أو لها تسقط كغيرها بمرور الزمن وبعد انقضاء مدة معينة. ولان بقاء المدة المتممة لمدة طويلة يحول دون انتظام الحساب. ولا يساعد على توفير البيانات اللازمة عن الوضع المالي التي تحتاجها السلطات المعنية لأغراض المراقبة والتخطيط.

٤-٣-١-٣: الاستثناءات على قاعدة سنوية الموازنة:

أدى تطور الدولة إلى ضرورة الخروج عن مبدأ سنوية الموازنة في بعض الاحيان. ومن أهم الاستثناءات التي ترد ما يأتي:

أولا: موازنة الدورة الاقتصادية:

تتعرض الاقتصادات المتقدمة الرأسمالية إلى دورات اقتصادية يتعاقب فيها

الكساد والرخاء الذي قد يصاحبه التضخم. وهذه الدورات تحدث في بحر عدة سنوات. ولمعالجة التقلبات غير المرغوبة في النشاط الاقتصادي تلجا الدولة إلى عمل موازنة عامة من شانها أن تزيد الإيرادات في اوقات التضخم لكبح جماح الطلب الزائد وإرجاعه إلى مستوى الطلب عند حالة الاستخدام التام. وتوضع هذه الإيرادات في صندوق خاص ليعاد انفاقها في اوقات الكساد. حيث تعمل على رفع الطلب الكلي لتشغيل الطاقة الإنتاجية العاطلة في الاقتصاد للوصول إلى مستوى الاستخدام التام.

ثانيا: ميزانية البرامج الاقتصادية والاجتماعية (الخطة الاستثمارية)

تقوم الدولة في الدول ذات التخطيط المركزي والدول النامية بانشاء كثير من المشاريع التي تتطلب رصد مبالغ كبيرة لا تحتملها موازنة سنة واحدة، وكذلك الوقت اللازم لانشائها يمتد لأكثر من سنة مما يتطلب الاستمرار في الانفاق عليها طيلة فترة الانشاء. هذا الأمر تطلب ضرورة وضع موازنات خاصة لهذه المشاريع أو البرامج. مثل انشاء الموانئ والمطارات والطرائق السريعة وما شابه ذلك من المشاريع التي تحتاج إلى مدة انشاء أطول من سنة.

والطريقة الشائعة لمعالجة هذه الموازنات هي وضع برنامج مالي يغطي سنوات الخطة الاقتصادية يتضمن الاعتمادات اللازمة للتنفيذ وتوزيعها على مدار سنوات الخطة. ويدرج في الموازنة العامة لكل عام الجزء المخصص لتك السنة، ويتم اعتماد البرنامج بشكل كامل من قبل السلطة التشريعية.

ثالثا: الاعتمادات الاضافية

عندما لا تكفي الاعتمادات المقرة لوجه من وجوه الانفاق، أو حدوث حالات طارئة مثل الحروب والكوارث الأخرى, فان السلطة التنفيذية تطلب من

السلطة التشريعية تخصيص مبالغ إضافية للانفاق على هذه الحالات. وعـادة مـا تكـون هذه الاعتمادات لمدة اقل من سنة. من عيوب هذا الاستثناء لسنوية الموازنة ما يأتي:

١. قد تستعمل كوسيلة لتغطية الفشل في تقديرات الموازنـة العامـة أو اخفـاء اوجـه الانفـاق لتقليل الارقام. واعتماد الموظفين على الموازنـة الشـكلية علـى أمـل أن يغطـوا العجـز عـن طريق الاعتمادات الاضافية.

٢. يضعف رقابة السلطة التشريعية على هذه الاعتمادات بسبب طبيعتها المستعجلة.

٣. سهولة الحصول على الاعتمادات يشجع الحكومة على الاسـراف في الانفـاق ويبعـدها عـن قاعدة الاقتصاد في الانفاق. إلا أن لهذه الطريقة ما يسوغها في الحالات الطارئة.

رابعا: الموازنات الشهرية (الموازنات الاثني عشرية)

قد ينتهي العمل بالموازنة السنوية لانتهاء السنة المالية ولم تحصل بعد موافقـة السـلطة التشريعية على الموازنة الجديدة لسبب أو لآخر. ففي مثل هـذه الحالـة تطلـب الحكومـة مـن السلطة التـشريعية المصادقـة علـى موازنـة مؤقتـة لمدة شهر واحد وتخصم مبالغها من مبالغ الموازنة السنوية عند المصادقة عليها. أي يرخص للحكومة بالانفاق والجباية لمدة شهر واحـد أي لجزء من اثني عشر شهرا وتتضمن هذه الموازنات الاحكام الآتية[1]:

---

(١) محمد عبد العزيز المعارك و علي شفيق، مصدر سابق، ص٤٠.

١. فتح اعتمادات إجمالية لشهر واحد لجميع الادارات العامة توزع على أبواب الموازنة وفصولها.

٢. تحديد مبالغ هذه الاعتمادات على أساس جزء من اثني عشر جزءا من مبلغ موازنة السنة السابقة.

٣. الاذن بالجباية خلال الشهر المذكور.

٤. منع الادارات العامة من اتخاذ إجراءات تؤدي إلى زيادة الاعباء العامة عما هي علية في السنة السابقة.

٥. تكرر العملية شهرا بعد شهر لحين صدور أمر المصادقة على الموازنة.

من ايجابيات هذا الاستثناء انه يسمح بسير العمل الإداري لان توقفه يؤدي إلى أضرار كبيرة لا تحتمل مثل توقف صرف رواتب الموظفين. أما سلبيات هذه الموازنات فإنها لا تأخذ بعين الاعتبار الحاجات الجديدة المتوقعة للسنة المعنية أو التعديلات الواجب إدخالها على طرائق الجباية والانفاق. كما أن الادارات تكون عاجزة عن انجاز أي مشروع بسبب عدم وجود يقين مالي في المستقبل. كما أن هذه الموازنات غير ملائمة أبدا لتحقيق إدارة مالية فعالة.

خامسا: الاعتمادات الدائمة

هناك بعض النفقات لا تعرض على البرلمان كل سنة للتصويت عليها، بل يجيزها لمدة طويلة مثل فوائد الدين العام ورواتب الموظفين والقضاة أو معاشات التقاعد وبعض الضرائب والرسوم التي لا يشك احد بضرورتها.

سادسا: الاعتمادات المحولة من سنة لأخرى

عندما لا تنفذ بعض الاعتمادات في السنة الحالية بالرغم من ضرورتها

فيصار إلى اعتمادها في السنة القادمة من غير حاجة لمناقشتها من قبل السلطة التشريعية. وبما أن هذا الأمر يعد خروجا عن قاعدة سنوية الموازنة، فانه يلجأ اليه في الحالات الضرورية ولانواع محددة من الاعتمادات وبالاستناد إلى نصوص تشريعية تجيز ذلك.

٤-٣-٢: قاعدة عمومية (شمولية) الموازنة:

تعني هذه القاعدة أن تكون الموازنة العامة شاملة لجميع نفقات وايرادات الدولة. وعدم إجراء مقاصة بين نفقات وايرادات الادارات الحكومية. بل تظهر كل الإيرادات وكل النفقات في الموازنة العامة مما يتيح رقابة أفضل على الأداء المالي للحكومة. وكذلك تعني هذه القاعدة عدم تخصيص ايراد معين لوجه من وجوه الانفاق بل تصب جميع الإيرادات في بودقة واحدة ثم تستخدم لتمويل اوجه الانفاق العام المختلفة.

٤-٣-٢-١: مزايا قاعدة عمومية الموازنة:

أولا: تظهر حقيقة الاوضاع المالية. وبالتالي مساعدة السلطات المالية على متابعة تنفيذ الموازنة العامة بدقة.

ثانيا: تمكن السلطة التشريعية من الرقابة وتسهل عملية الدراسة التفصيلية للموازنة بجانبيها النفقات والإيرادات ومن ثم المصادقة عليها.

ثالثا: تحول دون الاسراف في النفقات التي ترافق عادة طريقة الناتج الصافي (عملية المقاصة في الإيرادات والنفقات)

٤-٣-٢-٢: الاستثناءات على قاعدة عمومية الموازنة:

أن الاستثناءات على هذه القاعدة قليلة جدا وهي حالات استثنائية وتعني

الاخذ بطريقة المقاصة أو الناتج الصافي ومنها بعض ايرادات موازنات الدولة الاتحادية مثل الولايات المتحدة الأمريكية وسويسرا حيث تقيد الإيرادات التي تدفعها الولايات في الموازنة الاتحادية صافية بعد تنزيل نفقات جبايتها ومن الاستثناءات كذلك حسابات الحقوق مع الحكومات الاجنبية وحسابات القروض الخارجية.

٤-٣-٣: قاعدة عدم تخصيص الإيرادات (الشيوع):

٤-٣-٣-١: مضمون القاعدة:

تعني هذه القاعدة عدم تخصيص ايراد معين لنفقة معينة. أي عدم وجود صلة قانونية بين الإيرادات والنفقات. وهذه القاعدة تتعلق بالإيرادات فقط.

٤-٣-٣-٢: مبررات قاعدة عدم التخصيص:

من مبررات هذه القاعدة أن التخصيص قد يكون مدعاة للاسراف والتبذير. حيث تسعى الادارة الحكومية التي يخصص لها ايراد معين إلى انفاق كل هذا الإيراد. حتى لو كان اكبر من النفقة المتوقعة وكان اكبر من حاجتها الفعلية. كما أن التخصيص قد يجعل المواطن لا يرغب في دفع ضريبة مخصصة لانفاق لا يستفاد منه. مثال ذلك أصحاب وسائط النقل البري لا يرغبون بدفع ضرائب مخصصة لتطوير سكك الحديد بل يرغبون بدفع ضرائب تخصص لتحسين الطرائق البرية.

٤-٣-٣-٣: الاستثناءات على قاعدة عدم التخصيص:

أن للتخصيص مبرراته العملية، فعند تخصيص ضريبة أو قرض للانفاق على مشروع ذي اولوية اجتماعية قد يشجع الأفراد على دفع الضريبة أو

الاكتتاب في هذا القرض مثل انشاء جامعة أو تطوير طريق عام أو اقامة مستشفى أو حماية البيئة أو إغاثة منطقة منكوبة أو تحصين المجتمع من وباء معين... الخ.

كما أن اموال التبرعات والوصية والوقف يجب أن يتم انفاقها حسب رغبة المتبرع أو الموصي. كما أن حصيلة فريضة الزكاة مخصصة شرعا للانفاق في اوجه انفاق حددتها الاية الكريمة ﴿انما الصدقات للفقراء والمساكين والعاملين عليها والمؤلفة قلوبهم وفي الرقاب والغارمين وفي سبيل الله وابن السبيل فريضة من الله و الله عليم حكيم ﴾ (التوبة:٦٠).

٤-٣-٤: قاعدة وحدة الموازنة:

٤-٣-٤-١: مضمون قاعدة وحدة الموازنة:

تعني هذه القاعدة تسجيل كافة النفقات والإيرادات العامة المتوقع تنفيذها للسنة القادمة في وثيقة واحدة. تفيد هذه القاعدة في سهولة التعرف على المركز المالي للدولة. وكذلك تبين نسبة الإيرادات والنفقات إلى الدخل القومي مما يمكن من معرفة تأثير الموازنة العامة على الدخل القومي، ودورها في اعادة توزيعه. هذا اضافة إلى أنها تيسر مهمة السلطة التشريعية في الرقابة على مفردات الموازنة العامة.

٤-٣-٤-٢: الاستثناءات على قاعدة وحدة الموازنة:

هناك بعض الاستثناءات التي ترد على هذه القاعدة تتطلبها التطورات الاقتصادية والظروف العملية منها:

أولا: الموازنة الملحقة

وهي موازنة منفصلة عن الموازنة العامة تتضمن ايرادات ونفقات بعض الادارات التي لا تتمتع بالشخصية المعنوية المستقلة. وتفضل مثل هذه الموازنات لأسباب منها:

١. طبيعة المنشأة الصناعية والتجارية تستلزم ضرورة معرفة نتائج أعمالها.

٢. وضع نظام مالي ومحاسبي يتفق مع ظروف هذه المنشأة وإعطائها بعض المرونة والحرية في إدارة إعمالها وتحريرها من الروتين.

٣. إلزامها بتغطية نفقاتها من ايراداتها.

تنظم الموازنات الملحقة دائما بتوازن بمعنى أن تلتزم الدولة بان تقدم الدولة عن طريق الموازنة العامة منحة توازن للموازنة الملحقة في حالة عدم تغطية الإيرادات للنفقات، وتقييد الفائض ايرادا للموازنة العامة إذا كانت الإيرادات اكبر من النفقات.

ثانيا: الموازنة المستقلة

هي موازنة مؤسسة عامة تتمتع بشخصية معنوية مستقلة. أي صرف عام يدار من قبل منظمة عامة تتمتع بشخصية معنوية. والموازنة المستقلة تخضع لاحكام الموازنات الخاصة. وتحتفظ بفائض ايراداتها لنفسها دون أن تحوله إلى الموازنة العامة للدولة. والعجز فيها تتم تغطيته عن طريق الاعانات أو القروض. وقد تتلقى اعانة من الدولة مثال ذلك الجامعات والمرافق الثقافية والاجتماعية وهذه الموازنات لا تعرض على السلطة التشريعية لاقرارها بل تحضر وتقر من مجلس ادارة المرفق وقد يفرض القانون مصادقة وزارة المالية عليها أو مجلس الوزراء.

ثالثا: الموازنة الاستثنائية (غير العادية):

هي التي توضع لظروف استثنائية وتمول بموارد استثنائية. بحيث لو دمجت مع الموازنة العامة للدولة لا تصح المقارنة بينها وبين موازنات أعوام أخرى. مثال ذلك ما يوضع لأغراض الحروب أو معالجة أزمة اقتصادية أو بناء مشاريع كبرى, وبشكل عام تكون ايرادات ونفقات هذه الموازنة غير عادية.

٤-٣-٥: قاعدة توازن الموازنة:

تعني هذه القاعدة تساوي الإيرادات والنفقات العامة وهي من نتاج الفكر المالي التقليدي وتشير إلى حيادية الادارة المالية. إلا أن تطور دور الدولة في المجتمع جعلها تهتم بتحقيق التوازن الاجتماعي والاقتصادي على حساب التوازن المالي. والتضحية بهذا الاخير أن تطلب الأمر ذلك. ويكون ذلك من خلال العجز المتعمد في الموازنة والتي جاء بها كينز لمعالجة مشكلة الكساد العظيم الذي عم الدول الرأسمالية عام ١٩٢٩. ويعني العجز المتعمد أن تكون نفقات الدولة اكبر من ايراداتها ويطلق عليها سياسة التمويل بالعجز. وان كانت هذه السياسة قد نجحت في معالجة أزمة الكساد العظيم إلا انه ترد عليها بعض الانتقادات منها:

٤-٣-٥-١: أن سياسة العجز المتعمد تدفع إلى تمويل هذا العجز عن طريق القروض العامة.

ولا يمكن اللجوء باستمرار إلى القروض العامة لان ذلك يؤدي إلى زيادة تكاليف القروض. أو تمويل العجز عن طريق الإصدار النقدي الجديد.

٤-٣-٥-٢: أن سياسة العجز المقصود أو المخطط

يمكن أن تؤدي إلى التضخم المالي ومن ثم انخفاض قيمة النقود وارتفاع الأسعار لـذلك لا تلجأ الدولة إلى العجز المتعمد إلا في الحـالات الاسـتثنائية ومنهـا معالجـة الكسـاد في الاقتصـاد القومي والعمل عـلى تنشـيط الاقتصاد مـن خـلال رفع الطلـب الكـلي الفعـال لتحفيـز الإنتـاج والاستخدام. على أن تتم العودة إلى قاعدة التوازن المالي بعـد معالجـة الازمـة الاقتصادية وذلك بسبب الآثار الاقتصادية والاجتماعية السيئة المصاحبة للتمادي في سياسة العجز المتعمد[1].

_____

(١) محمد عبد العزيز، مصدر سابق، ص٢٠٦.

المبحث الرابع

٤-٤: مراحل الموازنة العامة

تمر الموازنة العامة بأربع مراحل هي[1]:

٤-٤-١: المرحلة الأولى: مرحلة إعداد الموازنة:

تتضمن هذه المرحلة عمليات تقدير الإيرادات والنفقات العامة لسـنة قـادمة, وأسـلوب وإجراءات تحضير الموازنة.

٤-٤-١-١: تقدير النفقات:

يتطلب تقدير النفقات الدقة والامانة. ويطلق علـى مبـالغ النفقـات المقترحـة مصطلح اعتمادات. وتقسم النفقات بصورة عامة على نوعين هما:

أولا: النفقات العامة الثابتة

وهي النفقات التي يمكن تقديرها بدقة كبيرة لان القسـم الاكـبر منهـا لا يتغـير إلا بتغـير يسير مثل الرواتب واقساط الدين العام والايجارات المسـتحقة ونفقـات المرافـق العامـة القائمـة. ويؤخـذ بنظر الاعتبـار حـالات اسـتحداث وظائـف جـديدة والعلاوات والترقيـات.... وتهتـم السلطة التشريعية عند المصادقة على هذا النوع بـالغرض مـن النفقـة وحجـم النفقـة لـذلك لا يجوز تجاوز المبالغ المعتمدة من قبل السلطة التشريعية إلا بإذن منها.

ثانيا: النفقات العامة المتغيرة

وهي النفقات التي تتغير كل عام مثل نفقات بناء المنشات العامة وأثمان

---

(١) عادل فليح العلي، طلال محمود كداوي، مصدر سابق، ج٢، ص ٢٠٦ .

مشتريات الدولة... ويتم تقديرها عن طريق التخمين المباشر. وتهتم السلطة التشريعية عند المصادقة على هذا النوع بالغرض من النفقة دون حجمها، لان من الصعوبة تحديد المبلغ اللازم بدقة. لذلك نجد أن السلطة التنفيذية تطلب لاحقا المصادقة على اعتمادات اضافية.

٤-٤-١-٢: تقدير الإيرادات:

هناك عدة طرائق تتبع لتقدير الإيرادات العامة للسنة المالية القادمة منها:

أولا: طريقة حسابات السنة قبل الاخيرة

يتم تقدير الإيرادات بالاعتماد على ايرادات السنة ما قبل الاخيرة، مع الاخذ بنظر الاعتبار أن كان يتوقع فرض ضرائب جديدة أو زيادة أسعارها. وتعتمد السنة ما قبل الاخيرة لأنها سنة منتهية أما السنة الاخيرة فإنها لم تنته بعد وقت تقدير الإيرادات. تتميز هذه الطريقة بالبساطة وعدم الحاجة إلى خبرة كبيرة. ويبدو للوهلة الأولى أن الاخذ بهذه الطريقة يميل إلى تحقيق توازن الموازنة لان تقدير الإيرادات يتم حسب ايرادات السنة ما قبل الاخيرة. واذا ما علمنا أن الإيرادات اخذة بالزيادة كاتجاه طبيعي لذلك فان الإيرادات المتحققة ستكون أعلى من الإيرادات المقدرة. ومن خلال هذه الزيادة يمكن مواجهة الزيادة المحتملة في النفقات العامة الحقيقية عن الإيرادات المقدرة.

من عيوب هذه الطريقة أنها لا تأخذ في الاعتبار التغيرات في الظروف الاقتصادية. فمثلا إذا كانت السنة محل التقدير سنة رخاء فان الإيرادات المقدرة ستكون اقل من الإيرادات الحقيقية وهذا يكون فائضا في الموازنة. أما إذا كانت السنة محل التقدير سنة انكماش فستكون الإيرادات المقدرة اكبر من الإيرادات

الحقيقية وهذا يكون عجزا في الموازنة. هـذا العجـز أو الفـائض يشـكل اربـاك للموازنـة ولنشاط الدولة المالي.

ثانيا: طريقة الزيادة السنوية

يتم على وفقها تقـدير الإيـرادات عـلى أسـاس متوسـط الإيـرادات لعـدة سـنوات سـابقة ويضاف اليها نسبة الزيادة السنوية المحتملة في الدخل القومي. من عيوب هذه الطريقـة عـدم تطابق التقديرات المقدرة مع الإيرادات الحقيقية بسبب عدم سير النظام الاقتصـادي عـلى وتـيرة واحدة.

ثالثا: طريقة التقدير المباشر

يتم التقدير من قبل المسؤولين بشكل مباشر ويـترك لهـم الحريـة في الاسترشـاد بـايرادات السنوات السابقة. وكـذلك الاخذ بنظـر الاعتبـار التغيـرات المحـتملة في الـظروف الاقتصاديـة والاجتماعيـة. وتمتـاز هـذه الطريقـة بالدقـة إذا تولاهـا موظفـون ذو خـبرة عاليـة. والا تكـون التقديرات غير دقيقة. ومع ذلك فهذه هي الطريقـة المفضـلة في تقـدير الإيـرادات العامـة لأنهـا تعتمد على الدراسات الميدانية الحديثة. مما يتيح الاخذ بنظر الاعتبار التغيرات المحتمل حصولها في الظروف الاقتصادية.

٤-٤-١-٣: أسلوب وإجراءات تحضير الموازنة العامة:

يتضمن ذلك الخطوات الآتية:

أولا: التوجيهات العامة

تقوم السلطة التنفيذية(الحكومية) بوضع التوجهات العامة بـعـد دراسـتها لمتـطـلبات إشباع الحـاجات العـامـة فـي ضوء الاحـوال الاقتصادية

والاجتماعيـة السـائدة.وتحـدد هـذه التوجيهـات السياسـة العامـة للـدولة بجوانبهـا المتعـددة والمسـتوحاة مـن الفلسـفة الاجتماعيـة والاقتصادية للدولة مـع مراعـاة الظـروف الاقتصادية والاجتماعية. إذ قد يتم التركيز على جانب معين من جوانب الانفاق أو التركيز على ايـراد معين أو تعطـى الاولويـة للانفـاق العسـكري أو الاجتماعـي أو الاستثماري... وتمثـل هـذه التوجيهات الخطوط العريضة للسياسة الاقتصادية.

ثانيا: تعليمات تقدير الموازنة

تقـوم وزارة المالية مسترشدة بالسياسة العامـة للدولة بإصدار التعليمـات إلى الـوزارات الأخرى. توضح لهـا ضـرورة التأكيد على الدقـة في تقـدير الإيرادات والنفقـات، وتحدد موعـد معين لتقديم هذه الإيرادات. يبدأ تقدير الإيرادات والنفقات من بداية السلم الإداري صعودا إلى الـوزارة حيـث تنسـق كل وزارة تقـديرات الـدوائر التابعـة لهـا وترفعهـا موحـدة إلى وزارة المالية والتـي بـدورها تقـوم بتجميع تقـديرات الـوزارات كـافة والدوائر الأخرى. وإعـادة صياغتها بوثيقة واحدة. وتقدم إلى مجلس الوزراء لمناقشتها بشكل تفصيلي تمهيدا لعرضها علـى السلطة التشريعية لإقرارها.

٤-٤-٢: المرحلة الثانية: تشريع (اعتماد) الموازنة:

تقدم الموازنة إلى السلطة التشريعية لإقرارها. ولا تكون نافذة المفعول إلا بعد استحصـال موافقـة هـذه السـلطة. وعنـد تقديم الموازنة إلى السـلطة التشـريعية تحـال إلى اللجنـة المالية لمناقشتها بالتفصيل. ومن حقها طلب البيانات واستدعاء المسؤولين لمناقشتهم. بعد ذلك تقدم هذه اللجنة توصياتها إلى السلطة التشريعية. ويتم مناقشة الموازنة على ثلاث مراحل هـي:

٤-٤-٢-١: تناقش سياسة الحكومة المالية والاقتصادية المستوحاة من الموازنة العامة.

٤-٤-٢-٢: تناقش الموازنة مناقشة تفصيلية لكل باب ويتم الاقتراع عليها.

٤-٤-٢-٣: يتم الاقتراع على الموازنة بشكلها الاجمالي وبصيغتها النهائية.

ويحق للسلطة التشريعية ابداء الملاحظات على كافة بنود الموازنة وكذلك طلب التعديلات اللازمة، ولكن يشترط ضرورة موافقة الحكومة على تلك التعديلات. وذلك لان الموازنة تمثل كلا متجانسا وتعبر عن سياسة الحكومة في مختلف النواحي السياسية والاقتصادية والاجتماعية.

أن تشريع الموازنة هو عمل دستوري وقانوني لذلك تختلف إجراءات التشريع من دولة إلى أخرى. ومن الاتجاهات الحديثة في هذا المجال هو تقليص صلاحيات السلطة التشريعية في مجال تغيير النفقات أو الإيرادات. وذلك بسبب أن الموازنة العامة هي مشروع متوازن فنيا وماليا وان أي تغيير يؤدي إلى الاخلال بهذا التوازن. أما من حيث تحديد مواعيد محددة للحكومة تلتزم خلالها تقديم مشروع الموازنة إلى السلطة التشريعية فمن ناحية مبدئية على الحكومة أن تقدم مشروع الموازنة قبل بدء السنة المالية, هذا من جانب, ومن جانب آخر كلما تأخر موعد تقديم مشروع الموازنة كلما تمكنت الحكومة من وضع تقديرات أكثر دقة للايرادات والنفقات العامة. لذلك تحدد دساتير بعض الدول ضرورة تقديم الحكومة لمشروع الموازنة قبل بدء السنة المالية بشهرين أو أكثر لكي تتاح الفرصة أمام السلطة التشريعية لمناقشتها. وهذه الاخيرة كذلك ملزمة بان تناقش وتصادق على الموازنة العامة خلال مدة محددة دستوريا. أن الالتزام بهذه المواعيد يعتمد بشكل أساس على طبيعة النظام السياسي السائد والظروف السياسية و

الاقتصادية والاجتماعية السائدة وطبيعة العلاقة بين مراكز اتخاذ القرار في الدولة.

٤-٤-٣: المرحلة الثالثة: تنفيذ الموازنة ومتابعتها:

بعد استحصال موافقة السلطة التشريعية واصدار قانون يخول الحكومة القيام بتنفيذها. تبدأ دوائر الدولة بعملية التنفيذ أي تقوم باستحصال الإيرادات العامة وفق التقديرات وكذلك صرف النفقات العامة. فعملية التنفيذ تعني دخول الموازنة العامة مراحل التطبيق العملي. وتتضمن هذه المرحلة تنفيذ الإيرادات والنفقات العامة وعمليات الخزانة.

٤-٤-٣-١: تنفيذ الإيرادات

تتولى الادارات الحكومية المختلفة عملية تحصيل الإيرادات العامة وتتبع في ذلك الخطوات الآتية:

أولا: لا تجبى بعض الإيرادات العامة كالضرائب إلا عند تحقق الواقعة المنشئة للإيراد. كتحقق الدخل لضريبة الدخل أو عبور السلعة الحدود بالنسبة للضرائب الكمركية.

ثانيا: المنازعة في دين الضريبة لا يوقف عملية دفعها بل يجب الدفع اولا ثم الاعتراض بعد ذلك وفقا لقاعدة ادفع ثم اسأل.

ثالثا: يجب مراعاة مواعيد التحصيل وطريقة التحصيل في الاحوال التي ينص عليها القانون.

أن تنفيذ كل إيراد يستلزم عمليتين الأولى إدارية تتضمن التحقق من قيام الواقعة المنشئة للايراد وتحديد مقدارها. والثانية محاسبية أي جباية المبلغ المحدد.

أن الفصل بين العمليات الإدارية والمحاسبية يضمن عدم اساءة استخدام الصلاحيات وسوء التصرف والتي قد تحدث عندما تجتمع العمليتان في الكادر الوظيفي نفسه. وكذلك ضمانة لأموال الدولة. حيث يكون الإداريون والمحاسبون رقباء بعضهم على بعض. كما يضمن هذا الفصل أداء الاعمال بشكل أكثر كفاءة.

٤-٤-٣-٢: تنفيذ النفقات

اولا: شروط تنفيذ النفقة

ولتنفيذ النفقة يستوجب تحقيق ما يأتي:

١. وجود علاقة قانونية بين الدولة ودائنيها.

٢. أن يتم التأكد من قيام الدائن بالعمل المطلوب منه وان يحدد مقدار الدين.

٣. أن تصدر الجهات المختصة أمرا إلى المسؤولين عن الخزينة بدفع النفقة المستحقة.

٤. أن يتم دفع النفقة من صناديق الخزينة بعد تأشير المسؤول المختص عليها.

ثانيا: عمليات تنفيذ النفقة

أن تنفيذ النفقات يتضمن نوعين من العمليات الاول عمليات إدارية والثاني عمليات محاسبية.

١- العمليات الإدارية:

تتضمن ما يأتي:

١. عقد النفقة (الارتباط بالصرف):

يقصد بعقد النفقة الواقعة التي تولد التزاما في ذمة الدولة لشخص ما مثل القرار الخاص بتعيين موظف أو شراء بعض المواد والتعاقد مع المقاولين. ولعقد النفقة شرطين يجب توفرها هما:

الشرط الاول: وجود اعتماد لهذه النفقة منصوص عليه في الموازنة. وان تكون هذه النفقة في حدوده. واذا قامت الجهات المسؤولة بعقد نفقة لا اعتماد لها، ففي هذه الحالة العقد صحيح ولكن لا تنفذ النفقة إلا بعد إيجاد الاعتماد الكافي لها، على أساس أن الموظف الذي تجاوز حدود صلاحياته، أعماله لا تعد باطلة بل تكون ذات قيمة قانونية للأفراد ذوي النية الحسنة حيث لا يفترض في من يتعامل مع الدولة أن يكون على علم تام بالاعتمادات المالية المخصصة لهذا الانفاق أو ذاك.

الشرط الثاني: يجب أن يتم عقد النفقة من الجهة الإدارية ذات الاختصاص أي من قبل الموظف المختص. فاذا ما تم تعيين شخص من قبل موظف لا يملك صلاحية التعيين فان هذا الشخص لا يستحق الراتب وان قام بالعمل المسند اليه لان تعيينه غير مشروع.

٢. تحديد مبلغ النفقة:

يعني تحديد الدين الواجب على الدولة أداؤه. ويتولى هذه العملية الموظف المختص. ويجب التأكد من أن الدائن قد اوفى بجميع التزاماته تجاه الدولة.

٣. الأمر بالصرف:

الأمر بالصرف هو الأمر الذي يوجهه أمر الصرف إلى المحاسب ليدفع مبلغ الدين إلى الدائن. وهو أمر إداري يصدر من رئيس الدائرة ويجب أن يتضمن أمر الصرف الفصل والمادة التي يحتسب عليها مبلغ النفقة ويجب أن يشتمل مستند الصرف على تصديق الأمر والمحاسب المسؤول عن تحضيره.

٢- عمليات التنفيذ المحاسبية (الدفع):

يقصد بها إجراءات دفع مبلغ النفقة إلى مستحقيها. فاذا ما دفع مبلغ النفقة فان عملية تنفيذ النفقة تكون قد انتهت ويتولى أمر هذه العملية المحاسب. ولا يقوم المحاسب بعملية الدفع إلا بعد تدقيق النفقة. لذلك فان المحاسب يقوم بمهمتين هما التدقيق وأمانة الصندوق. فالمحاسب لا ينفذ عملية الصرف إلا بعد التأكد من قانونية مستند الصرف وعليه أن يمتنع عن صرف النفقة أن كانت فيها مخالفة قانونية والا أصبح مسؤولا عنها.

٤-٤-٣-٣: عمليات الخزانة[1]:

الخزانة هي حلقة وصل بين التحصيل والصرف. فيها تتجمع الإيرادات ومنها تخرج النفقات. ومهمة الخزانة تحصيل الإيرادات وتنفيذ النفقات باسم الدولة. وكذلك تقوم الخزانة بمهمة التوفيق بين عمليات التحصيل وعمليات الصرف. وتقوم الخزانة بصرف النفقات قبل جباية الإيرادات اللازمة. عندها تلجأ إلى ما يسمى بعمليات الخزانة وأهمها:

---

(١) محمود رياض عطية، مصدر سابق، ص٥٠٨.

أولا: الاقتراض لمدة لا تتجاوز السنة من البنك المركزي أو من البنوك التجارية.

ثانيا: إصدار أذونات الخزانة.

ثالثا: سحب المبلغ من المال الاحتياطي.

في الماضي كانت الإيرادات تجمع بشكل مادي في الخزانة ومنها تخرج النفقات. أما في الوقت الحاضر فان الخزانة كيان معنوي. وتتم عمليات التحصيل والصرف من خلال البنك المركزي أو البنوك التجارية.

٤-٤-٣-٤: الحساب الختامي:

بعد أن تنتهي السنة المالية يعمل حسابها الختامي والذي يتضمن النفقات المصروفة فعلا أثناء السنة المنصرمة فقط. ولهذا الغرض ترسل وزارة المالية إلى الوزارات والدوائر الأخرى خطابا تطلب فيه تزويدها بالحساب الختامي لكل وزارة ودوائرها. فاذا ما تجمعت لديها هذه الحسابات قامت وزارة المالية بفحصها وتوحيدها لتكون بذلك الحساب الختامي للسنة المالية المنتهية.

٤-٤-٣-٥: معالجة العجز في الموازنة العامة:

لعجز الموازنة العامة ثلاث حالات هي:

أولا: العجز الناشئ عن خطأ حسابي في التقدير

تتم معالجته من خلال توخي الدقة في المراحل اللاحقة.

ثانيا: العجز المؤقت

وهو الذي يرتبط بالتقلبات الاقتصادية مثل انكماش النشاط الاقتصادي

الذي يؤدي إلى خفض الإيرادات العامة. ويتم معالجة هـذا العجـز مـن خـلال الوسائل الآتية:

١. **تخفيض الانفاق العام:** وهـذا حـل تقليـدي وقـد يكـون غـير ملائـم في كثـير مـن الاحيـان للأسباب الآتية:

أ. على الدولة أن تقوم بإشباع العديد مـن الحاجـات العامـة الأساسية وهـذا يسـتلزم أن تكون الإيرادات تابعة للنفقات لا العكس.

ب. تقليص الانفاق العـام يـؤدي إلى نقـص الطلـب الكـلي وهـذا يقـودنـا إلى مزيـد مـن الانكماش في الدخل القومي ومن ثم انكماش في حصيلة الإيرادات ومزيد من العجز.

ج. هناك بعض النفقات غير قابلة للتقليص مثل فوائد الدين العام وبعض ها الاخـر غـير مرن تجاه التخفيض مثل الاجور والرواتب.

٢. **زيادة الإيرادات العامة:** مثـل زيـادة عـدد الضرائـب أو رفـع أسـعارها. إلا أن الاعـتراض الـذي يرد هنا هو أن للضرائب أهداف غير مالية. إضافة إلى أن هناك طاقـة ضريبية لا يمكـن تجاوزها. واذا ما تم تجاوزهـا فسـيؤدي ذلـك إلى آثـار عكسـية تتمثل في خفض حصيلة الضرائب والإيرادات العامة بشكل عام.

أن للضرائب آثار انكماشية معروفة على الدخل القومي ولمعالجة هـذه الآثـار يجـب انفاق حصيلة الضرائب على شكل زيادة في الاستهلاك العام لرفع الطلب الكلي.

٣. **معالجة النفقات والإيرادات معا:** قد يبدو أن هنـاك تعارضـا بـين تقليـل النفقات وزيادة الإيرادات في أن واحد حيث يكون هناك تأثير انكماش

صاف. إلا أن الذي يجب أن يحصل هو تغيير في بنية النفقات والإيرادات العامة معا أي تغيير كيفي لا كمي. مثال ذلك في جانب النفقات يتم تقليل التحويلات للخارج وتقليل الانفاق العسكري أن سمح بذلك الأمن القومي. أما في مجال الإيرادات فيتم التأكيد على زيادة الإيرادات من الضرائب المباشرة أو فرض ضرائب على الثروات المكتنزة.

ثالثا: العجز الهيكلي

يحدث هذا العجز إذا لم تغط الإيرادات العامة بصورة مستمرة النفقات العامة. ويحدث ذلك بسبب زيادة الانفاق العام بمعدل يزيد من القدرة المالية للاقتصاد القومي. أي عدم قدرة الدخل القومي على تحمل الاعباء العامة. وهذا يعني أن هناك خللا هيكليا في الاقتصاد. كان يكون الانفاق العام غير منتج أو ذا إنتاجية منخفضة. أن معالجة هذا العجز لا تتم بوسائل مالية فقط بل يجب أن تتداخل معها وسائل اقتصادية منها:

١. تخفيض معدل الزيادة في الانفاق العام:

ويتم ذلك من خلال ضغط النفقات العامة قليلة الإنتاجية والابقاء على النفقات ذات الإنتاجية العالية. وبذلك ترتفع إنتاجية القطاع العام ويقل معدل الزيادة فيه.

٢. زيادة معدل الإيرادات العامة:

إذا ما نجحت الخطوة السابقة وأدت إلى زيادة إنتاجية القطاع العام, فإنها تؤدي إلى زيادة الدخل القومي وبالتالي زيادة الإيرادات العامة. وهنا يجب على السياسة المالية أن توازن بين الخطوة الأولى والثانية. فلا يصح أن تكون إنتاجية القطاع العام أقل من إنتاجية القطاع الخاص. واذا ما حصل ذلك فيجب

خفض الضرائب لجعل موارد أكبر تحت تصرف القطاع الخاص الذي هو أعلى إنتاجية في الغالب من القطاع العام. وقد تلجأ الدولة إلى فكرة الفراغ الضريبي لتشجيع النشاطات الاقتصادية المرغوبة والتي تتلائم مع أهداف السياسة الاقتصادية للدولة.

٤-٤-٣-٦: متابعة تنفيذ الموازنة[1]:

المتابعة تعني ملاحظة التنفيذ وتحديد درجة النجاح أو الفشل خطوة خطوة. والتنبؤ باحتمالات الانحراف والعمل على تلافيها قبل وقوعها. والمتابعة ضرورية لأنه لا يمكن الانتظار لحين انتهاء السنة المالية لمعرفة نتائج تنفيذ الموازنة. فقد تسفر مرحلة التنفيذ عن نتائج غير مرغوبة تتمثل في عدم تحقق بعض الإيرادات. وهذا قد يؤدي إلى عجز في الموازنة، أو عدم تنفيذ بعض النفقات، والذي قد يؤدي إلى خفض معدلات النمو المخطط بلوغها. لذلك أصبح من الضروري أن يكون لدى من يتولى وضع السياسة العليا للدولة وخاصة السياسة المالية والاقتصادية تصور عن حالة تنفيذ الموازنة العامة أثناء السنة المالية. ويتم ذلك من خلال الكشوف الدورية المقدمة عن حالة التنفيذ. ليس هذا فقط بل يجب على مسؤولي الوحدات الإدارية أن يعرفوا مدى تنفيذ وحداتهم للموازنة الخاصة بهم ليتسنى لهم تحقيق الأهداف المطلوبة من وحداتهم. فالموازنة العامة ليست تقديرات تعتمد فقط بل يجب أن توضع موضع التنفيذ لتحقق الأهداف المطلوبة.

تتم المتابعة عن طريق الكشوف الدورية وقد تكون يومية أو شهرية أو فصلية وتساهم الكشوف الدورية في تحقيق عدة أهداف منها:

(١) عادل فليح العلي، طلال محمود كداوي، مصدر سابق، ج٢، ص٣٢٥ .

أولا: بما أنها تقدم بمواعيد محددة فان الاجهزة الحسابية سوف تلتزم بقيد الحسابات يوميا في السجلات الخاصة.

ثانيا: إدامة السجلات يؤدي إلى معرفة المركز المالي لكل اعتماد. وبذلك تتمكن الوزارات والدوائر الأخرى مراجعة العجز المالي في بعض البنود وإجراء المناقلة أن كان من اختصاصها. وان كان من اختصاص وزارة المالية فتساعد هذه الكشوف إلى استحصال موافقتها.

ثالثا: تساعد القائمين عل تحضير الموازنة العامة للسنة القادمة بشكل أقرب للواقع.

رابعا: تساعد الكشوف الاخيرة من السنة المالية في إعطاء تصور عن الموقف النهائي لتنفيذ الموازنة ومن ثم اتخاذ القرار المناسب بشانها مثل خفض الانفاق أو زيادة الإيرادات أو العكس.

٤-٤-٣-٧: تعديل الموازنة[1]:

مهما كانت كفاءة طرائق التقدير, فان أرقام الموازنة تبقى تخمينية. ولا يمكن أن تتطابق مع الارقام الفعلية تماما. كما انه يستحيل الاخذ بالحسبان الظروف الطارئة والمستعجلة التي يمكن أن تواجه الادارات الحكومية أثناء تنفيذ الموازنة. لذلك يجب أن تكون هناك معالجات لمثل هذه الحالات أثناء السنة المالية وهي:

أولا: الاعتمادات الاضافية

عندما تكون هناك حاجة ملحة تلجأ الحكومة إلى السلطة التشريعية

(١) محمد عبد العزيز معارك، علي شفيق، مصدر سابق، ص١٣٠ .

للحصول على اعتمادات اضافية. وهذه الاعتمادات أما أن تكون اعتمادات تكميلية تضاف إلى اعتمادات مرخصة ولكنها لم تكف لتنفيذ الغاية المرصودة لاجلها. أو تكون اعتمادات اضافية جديدة تخصص لمواجهة أعباء جديدة طارئة وتسمى الاعتمادات الاستثنائية.

ثانيا: نقل الاعتمادات

الغرض من نقل الاعتمادات هو توفير وسيلة تساعد على المرونة في تنفيذ الموازنة وتفادي الاسراف والتبذير في الانفاق الذي قد ينشأ من رغبة المسؤولين في صرف جميع الاعتمادات قبل إبطالها بانتهاء السنة المالية حتى لو لم تكن هناك حاجة حقيقية لها. وعادة ما يتم النقل بموافقة وزير المالية. ويجب التمييز بين حالتين لعملية نقل الاعتمادات هي[1]:

أ. حالة نقل الاعتمادات: حيث يتم بموجبها تغيير الجهة المسؤولة عن تنفذ النفقة من غير أن تتغير طبيعة النفقة مثل نقل مبلغ اعتماد من وزارة التربية مخصص لشراء قرطاسية إلى وزارة التعليم العالي للغرض نفسه.

ب. حال تحويل الاعتمادات: حيث يتم بموجبها تغيير طبيعة النفقة دون تغير الجهة الحكومية المسؤولة عن تنفيذها مثل تحويل مبلغ اعتماد من شراء الاثاث المكتبي إلى صيانة المباني ضمن وزارة التعليم العالي.

٤-٤-٤: المرحلة الرابعة: الرقابة على تنفيذ الموازنة العامة:

تهدف هذه المرحلة على التأكد من حسن إدارة الأموال العامة ومدى تطابق التقديرات مع المتحقق فعلا. وان يكون التنفيذ قد تم ضمن الحدود

---

(١) محمد عبد العزيز معارك، علي شفيق، مصدر سابق، ص١٣٠.

والتوجيهات العامة الصادرة من السلطة التشريعية. وهناك عدة أشكال للرقابة تختلف باختلاف الاساس الذي تنطلق منه:

٤-٤-٤-١: الرقابة من حيث توقيتها وتشمل:

أولا: الرقابة السابقة (الوقائية)

تختص بالنفقات وتتضمن الرقابة والمراجعة لإجراءات الصرف من قبل التدقيق في الدوائر أو من قبل جهة خارجية ومن مزايا هذه الرقابة:

١. أنها تمنع التصرفات المالية غير الصحيحة.

٢. تسهل مهمة الرقابة اللاحقة.

٣. تحصن موظف الادارة ضد الخطأ في تصرفاته المالية.

٤. تتصف بالسرعة لأنها تقوم على تدقيق الامور المالية قبل تنفيذها.

ومن عيوبها:

أ. تصعب الرقابة المالية السابقة على بعض التصرفات المالية مثل المشاريع الانشائية الكبيرة. حيث تتم الرقابة عليها كأجزاء متفرقة حسب مراحل التنفيذ حيث لا يمكن جمع عمليات الانفاق على كل مراحل العملية الواحدة وفحصها لكشف ما قد يكون شابها من قصور أو انحراف.

ب. قد يترتب على الرقابة السابقة تأخير تنفيذ أعمال الادارة بسبب عدم موائمة عملية الرقابة من حيث السرعة مع عملية الانفاق, إذ قد تعيق الأولى الثانية.

ج. قد تتقيد الرقابة اللاحقة بالنتائج التي توصلت اليها الرقابة السابقة.

د. إذا أسندت هذه الرقابة لوزارة المالية فان ذلك يجعل منها رقيبا قد يعيق

العمل الإداري للوزارات الأخرى فوزارة المالية هي إحدى الوزارات ليس إلا.

ثانيا: الرقابة اللاحقة للصرف

تبدأ هذه الرقابة بعد انتهاء السنة المالية واستخراج الحساب الختامي للموازنة العامة.

وتشمل الرقابة على كل من الإيرادات والنفقات معا، ومن مزاياها:

١. أنها واقعية فهي تبدأ بعد تحصيل الإيرادات وصرف النفقات.

٢. لا تشكل عائقا أمام التصرفات المالية للادارة.

أما من عيوبها:

١. تكون غير مجدية لأنها تتم بعد وقوع المخالفة المالية. وقلما يعاد حق الخزينة الضائع.

٢. قد تتأثر بالرقابة السابقة. وقد يكون هناك تكرار للعمل نفسه خاصة إذا اسندت الرقابتان لجهة واحدة.

٤-٤-٤-٢: الرقابة من حيث مصدرها:

وتكون على عدة انواع هي:

أولا: الرقابة الإدارية

تمارسها السلطة التنفيذية على أعمالها وتكون رقابة سابقة أو لاحقة أو كلتـيهما. واول مظهر من مظاهرها رقابة رئيس الدائرة على مرؤوسيه, أو رقابة

وزارة المالية والتي تكون على شكل إصدار تعليمات ملزمة للوزارات بشان تنفيذ الموازنة, أو لا تصرف المبالغ إلا بعد استحصال موافقة وزارة المالية. هذه الرقابة تكون ضعيفة لان لسلطة التنفيذية تراقب نفسها بنفسها.

ثانيا: الرقابة التشريعية

تمارسها المجالس النيابية. وتكون أما أثناء تنفيذ للموازنة من خلال طلب المعلومات عن سير العمليات المالية وتوجيه الاسئلة أو استدعاء المسؤولين لمناقشتهم. أو تكون هذه الرقابة لاحقة حيث تشكل لجان من المجالس النيابية لتدقيق النشاط المالي للادارة.

ثالثا: الرقابة المستقلة

تتم من قبل هيئة مستقلة عن السلطة التنفيذية. وهذا الاستقلال يمنحها الجدية في انجاز اعمالها وضمان عدم التحيز أو التأثر بمواقف المسؤولين وقد يكون لها سلطة قضائية تتمثل في اصدار العقوبات على المخالفين أو احالتهم إلى القضاء.

٤-٤-٣: الرقابة التقيمية:

تهدف هذه الرقابة إلى تقييم النشاط المالي للدولة. أي البحث عن مدى تحقق الأهداف الاقتصادية والاجتماعية للمجتمع من خلال ممارسة الدولة لنشاطها المالي على مستوى الاقتصاد العام. لذلك تقوم الجهة التي يوكل اليها أمر هذه الرقابة بدراسة تكاليف مواطن الاسراف أو سوء استخدام الموارد الاقتصادية التي وضعت تحت تصرف الاقتصاد العام. وكذلك تقدم المقترحات لرفع كفاءة أداء الاقتصاد العام بما يزيد من المنافع التي يجنيها الأفراد والاقتصاد القومي.

المبحث الخامس

٤-٥: السياسة المالية

يقصد بالسياسة المالية مجموع الاجراءات التي تتخذها الحكومة في مجال انفاق الأموال العامة ووسائل تمويلها كما ينعكس ذلك في الموازنة العامة. وقد مرت السياسة المالية بمرحلتين تبعا للنظرية الاقتصادية السائدة.

٤-٥-١: السياسة المالية في مرحلة المالية التقليدية:

يرى المذهب الاقتصادي الكلاسيكي (التقليدي) ضرورة إخضاع السياسة المالية لقيود شديدة بحيث لا يتعارض النشاط الاقتصادي العام مع مبادئ الاقتصاد الخاص لان أصحاب هذا المذهب يعتقدون أن النشاط الخاص كفيل بتحقيق التوازن الاقتصادي وعند مستوى الاستخدام التام. أما تدخل الدولة في النشاط الاقتصادي فانه يعيق هذا التوازن وهو نشاط غير منتج أو ذو إنتاجية منخفضة. ومع ذلك فهو نشاط ضروري لا بد منه كالخدمات العامة التي تقدمها الدولة. إلا انه يجب تحديد هذا النشاط إلى أقل قدر ممكن. وإتاحة الفرصة واسعة أمام استثمارات القطاع الخاص. لان المنظم في القطاع الخاص يسعى بكل إمكانياته لتحسين أداء مشروعه من حيث الإنتاج والإنتاجية بدافع الرغبة في زيادة أرباحه وتخفيض تكاليف الإنتاج. وكذلك ينبغي العمل على زيادة الادخار الخاص لان انخفاضه يؤدي إلى ارتفاع سعر الفائدة مما يؤثر سلبيا في معدل النمو الاقتصادي.

أن زيادة تدخل الدولة في النشاط الاقتصادي يعوق من وجهة نظر أصحاب هذا المذهب تكوين الادخار الخاص وبالتالي من الاستثمار الخاص. فالضريبة التي تقتطع جزءا من دخول الأفراد تقلل من قدرتهم على الادخار كما

تخفض القروض العامة المدخرات الخاصة. وتحرم القطاع الخاص من مصدر مهم للتمويل. وبذلك يقل تكوين وتراكم رؤوس الأموال هذا إضافة إلى أن منافسة الدولة للقطاع الخاص في سوق الائتمان يؤدي إلى رفع سعر الفائدة. مما يقلل من حجم الاستثمار الخاص.

أما في مجال الانفاق فيعتقد السوق كفيلة بتوظيف جميع عناصر الإنتاج. ووجود الطلب الحكومي سوف ينافس الطلب الخاص على هذه العناصر. وهذا يقلل من الموارد الاقتصادية المتاحة للقطاع الخاص والذي هو أكفأ بكثير من القطاع العام حسب رأيهم. لكل هذه الاعتبارات يرون أن الموازنة العامة يجب أن تكون متوازنة وحيادية وهذا يحقق هدفين: الاول هو وضع حد منخفض للانفاق الحكومي لان التوسع في الانفاق العام يستلزم فرض المزيد من الضرائب. وهذا يؤثر على ادخارات القطاع الخاص واستثماراتهم والثاني منع حدوث عجز في الموازنة العامة حتى لا تضطر الحكومة إلى اللجوء لمعالجة هذا العجز عن طريق وسائل قد تؤدي إلى التضخم كالإصدار النقدي. إذا السياسة المالية التقليدية مهمتها المحافظة على الحرية الاقتصادية. وتوفير الاجواء الكفيلة بضمان فاعلية جهاز السوق أو جهاز الأسعار ليعمل بحرية تامة وبدون أي مؤثرات من قبل الدولة. لان إتاحة هذه الحرية تمكن آلية السوق من تحقيق التوازن الاقتصادي وعند مستوى الاستخدام التام.

٤-٥-٢: السياسة المالية في المالية الحديثة:

بعد أن أثبتت الوقائع الاقتصادية والتحليلات النظرية فشل المنطلقات النظرية للنظرية التقليدية، وعجز آلية السوق عن المحافظة على التوازن الاقتصادي عند مستوى الاستخدام التام ألقيت مسؤولية تحقيق ذلك على

الدولة. مما استوجب المزيد من التدخل في الحياة الاقتصادية والاجتماعية. وهذا يتطلب سيطرة الدولة على جزء من موارد المجتمع الاقتصادية. ووسيلة الدولة في هذا التدخل هو الموازنة العامة. إذ تخرج الدولة عن بعض قواعد الموازنة وأهمها الخروج عن قاعدة توازن الموازنة.

٤-٥-٢- ١: نوعا السياسة المالية في المالية الحديثة:

تكون السياسة المالية على نوعين هما:

أولا: السياسة المالية التوسعية

تتبع هذه السياسة عند ظهور الكساد والبطالة في الاقتصاد نتيجة لانخفاض الطلب الكلي مع وجود طاقات إنتاجية عاطلة. وتهدف هذه السياسة إلى رفع مستوى الاستخدام والقضاء على البطالة وذلك من خلال رفع مستوى الطلب الكلي ويتم ذلك من خلال الوسائل الآتية:

أ. زيادة مستوى الانفاق الحكومي العام. وهذا الانفاق سوف يتحول إلى دخول لالأفراد ومن ثم يزداد طلبهم على السلع الاستهلاكية وتبدأ المنشات بتلبية هذا الطلب من خلال استخدام المزيد من العمال العاطلين والموارد غير المستغلة. وتوزع لهم دخول تساهم هي الأخرى في زيادة الطلب وهكذا إلى أن يصل الاقتصاد إلى مستوى الاستخدام التام.

ب. خفض الإيرادات العامة وأهمها خفض الضرائب وهذا الأمر يؤدي إلى زيادة دخول الأفراد والمنشآت مما يؤدي إلى زيادة الطلب الاستهلاكي وزيادة الادخار من جانب وزيادة الطلب الاستثماري نتيجة لخفض

الضرائب من جانب آخر. وكلا الأمرين يساهمان في زيادة الطلب الكلي والدخل وزيادة الاستخدام إلى أن يصل الاقتصاد إلى مستوى الاستخدام التام.

ج. استخدام مزيج مناسب من كلا الوسيلتين السابقتين وهو زيادة الانفاق وخفض الضرائب في وقت واحد.

ثانيا: السياسة المالية الانكماشية

تلجأ الدولة إلى هذه السياسة عندما تكون هناك ضغوط تضخمية في الاقتصاد أي ارتفاع في المستوى العام للأسعار نتيجة لتفوق الطلب الكلي على العرض الكلي. لذلك تعمل السياسة المالية الانكماشية على الحد من الطلب الكلي الفعال ويتم ذلك من خلال[1]:

١. تخفيض مستوى الانفاق العام والذي يؤدي ومن خلال آلية عمل المضاعف إلى خفض الدخل وخفض الطلب الاستهلاكي مما يكبح بعض الشيء من ارتفاع الأسعار.

٢. زيادة الضرائب ويتم ذلك من خلال رفع معدلات الضرائب و/أو فرض ضرائب جديدة وهذا يؤدي إلى خفض الدخول ومن ثم خفض الطلب على السلع والخدمات وهذا يكبح من ارتفاع المستوى العام للأسعار.

٣. استخدام مزيج مناسب من الوسيلتين السابقتين لانهما تحققان الهدف نفسه.

(١) خالد واصف الوزني، أحمد حسين الرفاعي، مبادئ الاقتصاد الكلي، الطبعة الرابعة، دار وائل للنشر، عمان، ٢٠٠١، ص ٣٢٧.

٤-٥-٢-٢: أهداف السياسة المالية الحديثة:

تهدف السياسة المالية الحديثة إلى تحقيق عدة أهداف أهمها:

أولا: التوازن المالي

يقصد به استخدام موارد الدولة على أحسن وجه. فينبغي أن يتصف النظام الضريبي بالصفات التي تجعله يلائم حاجات الخزانة العامة من حيث المرونة والغزارة ويلائم في الوقت نفسه مصلحة المكلفين من حيث عدالة التوزيع ومواعيد الجباية... ولا تستخدم القروض إلا لاغراض إنتاجية. ويراعى عند تحديد نظام استهلاكها إلا ترهق الموازنة العامة في السنوات المقبلة. كما ينبغي إلا تلجأ الدولة إلى زيادة وسائل الدفع إلا في حدود تلبية حاجة التوسع في المعاملات وزيادة الإنتاج.

ثانيا: التوازن الاقتصادي

أي الوصول إلى حجم الإنتاج الامثل أو الكفاءة الاقتصادية. وهذا يتطلب من الدولة أن تهيئ الظروف الملائمة لنشاط القطاع الخاص وان تزيد من إنتاجية القطاع العام. وعلى الدولة أن تعمل موازنة بين إنتاجية القطاع العام والقطاع الخاص خصوصا في مجالات الإنتاج المشتركة. فاذا كان القطاع الخاص اكثر إنتاجية وكفاءة يجب على الدولة أن تمتنع عن منافسة القطاع الخاص والعكس صحيح. فالمهم أن لا تقل المنافع الاجمالية التي يحصل عليها المجتمع من الانفاق الحكومي عن تلك المنافع التي كان يمكن أن يحصل عليها لو بقيت هذه الموارد

تحت تصرف القطاع الخاص. ولكن قد يلجأ أصحاب الدخول العالية إلى انفاق جزء من دخولهم في مجالات قليلة الإنتاجية أو تبذيرها, فهنا تتدخل الدولة عن طريق فرض الضرائب التصاعدية لاستخدامها بما يعود على المجتمع بمنافع أكبر. ولكن يجب أن لا تتمادى الدولة في فرض الضرائب إذ قد يقودها هذا الأمر إلى الوقوع في الاسراف والتبذير. والمهم أن تكون هناك حالة من التوازن بين القطاعين في اقتسام الموارد بحيث تصل المنافع الاجمالية التي تعود على المجتمع من استخدام هذه الموارد إلى حدها الاقصى. ويعبر عن ذلك بلغة اقتصادية عندما تتساوى المنافع الحدية للنشاط الحكومي مع المنافع الحدية للنشاط الخاص. ويمكن التعرف على ذلك فيما إذا ترتب على توسع الانفاق الحكومي انخفاض في الدخل القومي فان هذا دليل على أن الحكومة قد تجاوزت الحد المطلوب في نفقاتها وان القطاع العام قد اتسع أكثر مما يجب. أما إذا زاد الدخل القومي نتيجة للتوسع في الانفاق الحكومي دل ذلك على أن الانفاق الحكومي لم يصل بعد إلى المستوى المطلوب.

ثالثا: التوازن الاجتماعي

يعني أن يصل المجتمع إلى أعلى مستوى ممكن من الرفاهية وفي حدود إمكانيات الإنتاج, وبما تقتضيه العدالة الاجتماعية فالوصول إلى حجم الإنتاج الامثل لا يكفي وحده لان الجزء الاكبر من الإنتاج قد يستحوذ عليه عدد قيل من الأفراد ولا يحصل غالبية السكان إلا على القليل، لذلك يجب إلا تقف السياسة المالية عند هدف زيادة الإنتاج بل يجب أن تعمل على تحسين توزيع

الناتج بين افراد المجتمع. إذ يمكن زيادة المنافع الكلية للمجتمع من خلال توزيع المقدار نفسه من المنتجات توزيعا اقرب للعدالة. ويتم ذلك عن طريق فرض الـضرائب التصاعدية واستخدام حصيلتها لمساعدة الطبقات الأقل دخلا. أي عمليات إعادة توزيع الـدخل. أن مفهوم عدالة التوزيع لا يعني أن يصل جميع أفراد المجتمع إلى المستوى نفسه من الدخل لان ذلك من شانه أن يثبط همة الأفراد الذين يتمكنون من الحصول على دخل مرتفع بسبب اقتطاع ما يزيد عن متوسط دخل الفرد عن طريق الضرائب. كذلك لا يكون هناك رادع للكسالى لانهم يحصلون على دخل متوسط يكفيهم للعيش مهما كان دورهم في العملية الإنتاجيـة. أن المفهوم الاصوب للعدالة الاجتماعية في توزيع الدخل والثروة هو ضمان حد أدنى من الدخل لكل افراد المجتمع وفق ضوابط معينة والسماح بالتفاوت فوق هذا المستوى, مع العمل علـى تقليل الفجوة بين الفئات الداخلية المرتفعة والمنخفضة. أن هكذا توزيع يتوافق مع مبادئ العدالة لأنه يراعي إمكانيات واستعداد الأفراد للعمل والعطاء. وكذلك يوفر حافز مهـم للمزيد مـن العمـل والابداع. وكذلك يضمن معدل اعلى للنمو والتقدم الاقتصادي لان رفع مستوى دخول الفقراء يؤدي إلى زيادة إنتاجيتهم بسبب ما يحصلون عليه مـن تعليم وإشباع لحاجاتهم الإنسانية. وكذلك يؤدي إلى زيادة طلبهم على السلع والخدمات مما يحفز قطاع إنتاج السلع والخدمات لمزيد من الإنتاج عن طريق استخدام عناصر الإنتاج غير المستغلة. وبمعنى آخر الوصل إلى حالـة الاستخدام التام.

وتساهم السياسة المالية في معالجة الدورات الاقتصادية التي تصيب

الاقتصادات الرأسمالية المتقدمة وتسمى بالسياسة المالية التعويضية حيث تقوم الدولة في اوقات الكساد والركود بزيادة نفقاتها على ايراداتها بشتى الوسائل لغرض زيادة الطلب الكلي الفعال. إذ يعاني الاقتصاد عندها من قصور في الطلب الكلي الفعال وفيض في العرض أو بطالة في عناصر الإنتاج. وعندما يزداد الطلب الكلي فان العرض سيستجيب لهذا الطلب على شكل استخدام للطاقة الإنتاجية العاطلة وبذلك تسود حالة الاستخدام التام ويتم القضاء على البطالة والكساد. أما في حالة التضخم فان الدولة تقوم بزيادة ايراداتها على نفقاتها بهدف تقليل الطلب الكلي والحد من ارتفاع الأسعار ويتم ذلك من خلال زيادة الضرائب والتقليل من الانفاق العام.

كما أن للسياسة المالية دور مهم في تنمية الاقتصاد في الدول النامية ويتم ذلك من خلال عدة اجراءات منها فرض الضرائب الكمركية العالية على السلع المنافسة للسلع المنتجة محليا على أن يتم ذلك كإجراء مؤقت لحين تمكن الصناعة الوطنية من الاعتماد على نفسها والإنتاج ضمن التكاليف والجودة التي تمكنها من المنافسة مع السلع الاجنبية في السوق المحلي وفي الخارج. وكذلك تتمكن الدولة من تشجيع بعض الانشطة الاقتصادية من خلال اتباع سياسة ضريبية تمييزية كالاعفاء الضريبي الدائمي أو المؤقت. أو من خلال تقديم الدعم المادي وتقديم القروض الميسرة. وكذلك تستطيع الدولة المساهمة في إعادة توزيع السكان جغرافيا من خلال ما تقدمة من امتيازات ضريبية لمن يسكن في الريف مثلا أو يسكن في المناطق الجديدة... الخ.

٤-٥-٣: أدوات السياسة المالية:

من اجل أن تتمكن الدولة من تحقيق أهدافها السابقة أو للتـأثير في النشـاط الاقتصـادي الخاص فان لديها ثلاث أدوات رئيسية تستخدمها لهذا القرض هي:

١. الضرائب على الدخل والسلع والخدمات: وهذه الضرائب تخفض من الدخل الخاص وتنقل الموارد من الانفاق الخاص إلى الانفاق العام. أو تعمل على تقليل الانفاق على بعض اوجـه الانفاق الخاص كهدف بحد ذاته مثـل تقليـل الانفـاق عـلى السـكائر أو الخمـور. وتقليـل الضرائب على نشاط معين يعني تشجيع ومكافئة من ينفق في هذا النشاط كبناء المساكن.

٢. الانفاق على بعض السلع والخدمات: مثل الطرائق والتعليم والأمن أو التحويلات الحكومية كالضمان الاجتماعي والرعاية الصحية كما يعني توفير موارد للقطاع الخاص.

٣. اللوائح والضوابط التي توجه الأفراد نحو الاقبال عـلى - أو الاحجـام عـن - بعـض الانشـطة الاقتصادية.

الفصل الخامس
المالية العامة في الإسلام

الفصل الخامس
المالية العامة في الاسلام

يتناول هذا الفصل المواضيع الرئيسة الآتية:

المبحث الاول: نشأة بيت المال .

المبحث الثاني: الإيرادات العامة.

المبحث الثالث: النفقات العامة لبيت المال.

المبحث الرابع: الموازنة العامة.

المبحث الخامس: الرقابة المالية.

الفصل الخامس
المالية العامة في الاسلام

أن دين الاسلام لا ينظم فقط علاقة الإنسان مع خالقه بل ينظم علاقة الإنسان مع أخيه الإنسان أفرادا وجماعات. وكذلك ينظم علاقته مع الموارد الاقتصادية التي سخرها الله له. أن انتظام هذه العلاقات وكفالة عدم اختلالها يحتاج إلى اقامة الدولة. لذلك فان دين الاسلام يوجب اقامة الدولة في المجتمع المسلم. وللدولة في المجتمع المسلم وظائف عديدة في جميع مجالات الحياة. والوظيفة العامة الرئيسة للدولة هي عملها على اقامة شرع الله في الارض. أن قيام الدولة بوظائفها يتطلب بالضرورة استخدام موارد اقتصادية. ومن هنا يجب أن تكون للدولة مالية خاصة بها تستخدمها في انجاز وظائفها المختلفة.

أن دور الدولة في الاقتصاد الاسلامي ينطلق على وجه التحديد من اعتبارين أساسيين هما:

الاول: أنها مسؤولة بشكل مباشر عن جزء من الموارد الاقتصادية التي توضع تحت تصرفها والذي يطلق عليه بعض الكتاب استخلاف بيت المال.

الثاني: أنها مسؤولة عن مراقبة القطاع الخاص أي الأفراد المستخلفين في باقي الموارد الاقتصادية. وإلزامهم العمل بالاحكام التي أقرها الشرع القويم.

بما أن الدولة ضرورة شرعية لا بد منها. وان لهذه الدولة دورا في جوانب الحياة المتعددة. هذا الدور مهما كان حجمه يستلزم أن تكون للدولة موارد اقتصادية، ووجود هذه الموارد يستلزم أن يكون هناك تنظيم اداري يتولى ادارة هذه الموارد. هذا التنظيم الإداري هو بيت المال الذي تقابله في النظم المعاصرة وزارة المالية أو الخزانة.

المبحث الاول

٥-١: نشأة بيت المال

لا يعلم على وجه التحديد اليوم الـذي اوجد فـيه بـيت الـمال الاسلامي. ولكـن يجـزم المؤرخون على انه انشئ بعد الهجرة. ولم يكن لـه وجود في العهد المكي لاسباب منها:

٥-١-١: لم يكن المجتمع الاسلامي بمكة قبل الهجرة مجتمعـا آمنـا مسـتقرا مسـتكملا مقومـات وجوده. وانما كان المسلمون يعيشون تحت ظلم واضطهاد المجـتمع المكي المشرك.

٥-١-٢: كان أكثر المسلمين في العهد المكي من الفقراء والرقيق وبالتالي كـانوا غـير قـادرين علـى رفد قيادتهم بالأموال.

٥-١-٣: من أهم موارد بيت المال انذاك الزكاة والغنائم... فالزكاة لم تفرض بشكل محـدد إلا في العهد المدني وكذلك لم يحصل المسـلمون علـى غنـائم إلا بعد الهجرة بعد أن أذن لهـم بالقتال.

بعد هجرة الرسول صلى الـله عليه وسلم وصحابته إلى المدينة المنورة اخذت تتضح أكـثر فأكثر معالم المجتمع المسلم. واخذت الأموال تتدفق على الرسـول صلـى الـلـه عليـه وسـلم مـن الغنائم.حيث غنم المسلمون الأموال في معركة بـدر واخـذوا الفـداء مـن الاسرى. وكانـت سياسـة الرسول صلى الـله عليه وسلم تتمثل بتوزيع هذه الأموال بشكل مباشر وفوري على مستحقيها. وذلك لشدة الحاجة اليها وكذلك لوجود التآخي

والتضامن المنقطع النظير بين المسلمين في المجـال الاقتصـادي. إذن لحد الان كـان هنـاك مال عام ولكن لم يكن هناك تنظيم اداري مستقل يتولى ادارة هذا المال. إلا انه بعد فرض الزكاة تطلب الأمر أن تهتم الدولة بالواردات النقدية والعينية كالاغنام والابل وكان لها مرعى خـاص بها ورعاة يتولون أمرها لحين انفاقها. وقد استمر الأمـر عـلى هـذا الحـال في عهـد الرسـول صـلى اللـه عليه وسلم وأبي بكر الصديق رضي اللـه عنه وشطرا من خـلافة عمر بـن الخطاب رضي اللـه عنه . ولكن بعد اتسـاع الفتوحـات الاسلامية كثرت واردات الدولـة مـن الغنائم خاصة. وكذلك كثرت التزاماتها تجاه المقاتلين والتحويلات الاجتماعية (نظام الاعطيـات) تطلب الأمـر أن تدون الدواوين لضبط الإيرادات والنفقات العامة. وكان ديوان الجند اول الدواوين انشاءا. وكـان للحاجة الملحة إلى تنظيم الشؤون المالية والاتصال بالحضارات المجاورة أثر كبير في إدخال نظـام الدواوين. إذ يروى أن اول من اقترح ذلك هو الوارد بن هشام بن المغيرة حيث قال لعمر بـن الخطاب رضي اللـه عنه (قد كنت في الشام فرأيت ملوكها دونوا ديوانا واستخدموا للمال ديوانا وللجند ديوانا) فاخذ عمر بقوله[1]. وهكذا انشئ بيت المال ليكون الجهة الحكوميـة التـي تتـولى عملية جمع الإيرادات وصرف النفقات وعمل الموازنة اللازمة بينهما.

وكانت المسؤولية عن بيت المال من المسـؤوليات المهمـة في الدولـة، ففـي عهـد أبي بكـر الصديق رضي اللـه عنه تولى مسؤولية بيت المال أمين هذه الامة أبو عبيدة عامر

---

(١) علي كنعان، الاقتصاد الاسلامي، الطبعة الاولى . دار الحسنين، دمشق، سوريا، ١٩٩٧، ص١٩٥.

بن الجراح رضي الله عنه حيث قال لأبي بكر(انا أكفيك بيت المال) وفي خلافة عمر بن الخطاب رضي الله عنه أعلن انه هو المسؤول الاول المباشر عن بيت المال اضافة إلى مسؤولياته الأخرى حيث قال: من أراد أن يسأل عن المال فليأتني فان الله تبارك وتعالى جعلني له خازنا وقاسما[1].

بعد هذه النبذة التاريخية عن نشأة بيت المال سوف نتناول دراسة الإيرادات والنفقات العامة التي يتولى إدارتها بيت المال.

(١) الاموال، لابي عبيد بن القاسم بن سلام، ص٢٨٥.

المبحث الثاني

٥-٢: الإيرادات العامة لبيت المال

هناك عدة انواع من الإيرادات ترفد بيت مال المسلمين بالموارد الاقتصادية الكفيلة بتغطية نفقات الدولة اللازمة لانجاز وظائفها. ومن أهم هذه الإيرادات ما يأتي:

٥-٢-١: الزكاة:

الزكاة فريضة مالية دورية يدفعها المسلم المالك للنصاب للدولة لتنفقها في اوجه انفاق معينة أو يوزعها المكلف بنفسه على اوجه الانفاق نفسها. والزكاة فريضة مالية يتقرب بها المسلم لربه وهي احد أركان الاسلام الخمسة. ولأهمية هذا الركن نجد أن الزكاة قرنت مع الصلاة في اثنتين وثلاثين مرة في القرءان الكريم منها قوله تعالى **(وأقيموا الصلاة وآتوا الزكاة)** (المزمل:٢٠) وقد وعد الله تعالى الثواب لدافع الزكاة بقوله **(قد أفلح المؤمنون (١) الذين هم في صلاتهم خاشعون (٢) والذين هم عن اللغو معرضون (٣) والذين هم للزكاة فاعلون)** **(المؤمنون:١-٤)** والوعيد الشديد لمانع الزكاة بقوله تعالى **(قل إنما أنا بشر مثلكم يوحى إلي أنما إلهكم إله واحد فاستقيموا إليه واستغفروه وويل للمشركين)** **(فصلت: ٦-٧).**

ومن أدلة فرضها في القران الكريم قوله تعالى **(خذ من أموالهم صدقة تطهرهم وتزكيهم)** **(التوبة: من الاية ١٠٣)** وقوله تعالى **(وأقيموا الصلاة وآتوا الزكاة واركعوا مع الراكعين)** **(البقرة: ٤٣).** وأما في السنة النبوية فنجد أن الرسول صلى الله عليه وسلم قال (بني الاسلام على خمس شهادة أن لا اله إلا الله وان محمدا رسول الله وإقام الصلاة وإيتاء الزكاة وحج البيت وصوم رمضان) ومن

الاحاديث المرهبة من الامتناع عن دفع الزكاة قوله صلى الله عليه وسلم (ما من صاحب ذهب ولا فضة لا يؤدي منها حقها إلا إذا كان يوم القيامة صفحت له صفائح من نار فاحمي عليها في نار جهنم فيكوى بها جنبه وجبينه وظهره كلما بردت أعيدت له في يوم كان مقداره خمسين ألف سنة حتى يقضى بين العباد فيرى سبيله أما إلى الجنة وإما إلى النار)[1].

٥-٢-١-١: الفرق بين الزكاة والضريبة:

هناك عدة فروق بين الزكاة والضريبة نلخصها فيما يأتي:

أولا: الضريبة تأخذها الدولة جبرا لتحقيق نفع عام وبدون مقابل. أما الزكاة فيؤديها المسلم طاعة وتعبدا لله وبالتزام ذاتي لا وجود له في الضريبة.

ثانيا: تؤخذ الضريبة من كل المواطنين المكلفين بغض النظر عن ديانة المكلف. أما الزكاة فتؤخذ من المسلمين فقط.

ثالثا: الزكاة حق الله في المال لا يملك احد حق منح الاعفاء منها أو تغيير انصبتها أو أسعارها والأصل فيها أن تدفع تطوعا. أما الضريبة فتفرضها الدولة على من تشاء في أي سعر تشاء وتؤخذ بقوة القانون وغالبا ما يسعى المكلف للتهرب منها.

رابعا: الزكاة ايراد مخصص لاوجه محددة من الانفاق حددها القرءان الكريم أما الضريبة فليس فيها هذا التخصيص.

(١) صحيح مسلم، رقم الحديث ١٦٤٧.

خامسا: الزكاة فريضة مالية محلية لا تنقل حصيلتها إلى الادارة المركزية إلا بعد أن تحقق أهدافها محليا أما الضريبة فتكون في الغالب مركزية.

سادسا: أساس فرض الزكاة هو نظرية الاستخلاف والتي تعني أن اللـه تعـالى خلـق الأمـوال وسخرها للانسان وجعله مستخلفا فيها وعليه أن يؤدي حقوقا معينة. أما أسـاس فـرض الضريبة فهو تارة نظرية العقد الاجتماعي وتارة نظرية التضامن الاجتماعي... أو غير ذلك.

سابعا: الزكاة تكون أسعارها نسبية. أما الضريبة فقد تكون أسعارها نسبية أو تصاعدية.

٥-٢-١-٢: شروط وجوب الزكاة:

يجب توفر الشروط الآتية لتكون الزكاة واجبة الدفع من قبل المكلف:

أولا: الملك التام

إذا لم يكن المكلف مالكا ملكا تاما للامـوال التـي تحـت يـده فـلا زكـاة عليهـا. لان عـدم الملكية قد يكون مانعا من التصرف. فلا زكاة على المال غير المملـوك وكـذلك لا زكـاة علـى المـال الحرام.

ثانيا: النماء

يجب أن يكون المال ناميا أو قابلا للنـماء كالتـناسل للثـروة الحيوانيـة والغلـة للإنتـاج النباتي والاستثمار لرأس المال النقدي.

ثالثا: بلوغ النصاب

هناك حد معين من الملكية لكل وعاء من اوعية الزكاة يتمتع مالكه بالاعفاء من فريضـة الزكاة. وبعد تجاوز هذا الحد يكون الوعاء خاضعا للزكاة.

رابعا: حولان الحول

الزكاة فريضة دورية سنوية أو نصف سنوية فهي سنوية بالنسبة لعروض التجارة والثروة الحيوانية والنقد ونصف سنوية بالنسبة للإنتاج النباتي.

٥-٢-١-٣: اوعية الزكاة:

تجب الزكاة في عدة انواع من الأموال هي:

أولا: الذهب والفضة والنقود وعروض التجارة.

ثانيا: المواشي كالغنم والابل والبقر.

ثالثا: الزروع والثمار.

رابعا: المعادن

هذه هي الأموال المجمع على أنها اوعية للزكاة. بسبب كونها هي الأموال التي كانت سائدة في عصر التشريع. أما في الوقت الحاضر ومع تنوع النشاط الاقتصادي وحصول ثروات أو دخول لم تكن موجودة سابقا، فقد رأى الكثير من العلماء أن الزكاة تجب فيها مثل دخول المصانع والمعامل وأصحاب المهن الحرة وإيجار العقارات. إذ تدفع الزكاة بعد خصم تكاليف إنتاج هذه الدخول. وهناك من يعامل هذه الدخول معاملة الدخول المتأتية من الإنتاج الزراعي بوصفها رأس مال ثابت وهناك من يعاملها معاملة عروض التجارة والنقد.

٥-٢-١-٤: انصبة الزكاة وأسعارها[1]:

لكل نوع من الأموال الزكوية نصاب خاص به إذا ما بلغه المال وجبت فيه الزكاة بأسعار محددة. أما إذا قل المال عن النصاب فان صاحبه يتمتع بالاعفاء من دفع الزكاة. وفيما يأتي انصبة وأسعار الزكاة لبعض الأموال:

أولا: الذهب والفضة والنقود وعروض التجارة

الذهب والفضة هما النقود الشرعية في الاسلام (و هذا لا يمنع من استخدام النقود الورقية) لارتباطها ببعض التكاليف والاحكام الشرعية، فالزكاة مثلا تحتسب على أساس الذهب والفضة. إذ يبلغ نصاب الذهب عشرين دينارا ذهبيا أو ما يعادل عشرين مثقالا أو خمسة وثمانين غرام ذهب. أما نصاب الفضة فهو مائة درهم أو ما يعادل مائة وأربعين مثقالا. أما النقود الورقية فيتم احتساب نصابها على أساس الأسعار السائدة للذهب والفضة وقت وجوب الزكاة، فاذا ما بلغت النقود قيمة النصاب وحال عليها الحول فتدفع عنها الزكاة وكذلك الحال بالنسبة لعروض التجارة. ولكن هل يتم العمل على أساس نصاب الذهب أو نصاب الفضة ؟ يرى الكثير من الفقهاء بان التقدير يتم بما هو انفع للفقراء وعادة ما يكون الاحتساب على أساس الفضة هو الانفع للفقراء. لأنه يخفض من حجم النصاب المطلوب فتشمل الزكاة حجم أكبر من الأموال، وبالتالي تزداد حصيلة الزكاة ويستفاد منها عدد أكبر من المشمولين بتوزيعها.

أما بالنسبة لمقدار زكاة الذهب والفضة والنقود وعروض التجارة فتكون النسبة ربع العشر أي بمعنى آخر ٢,٥ %.

---

(١) صبحي فندي الكبيسي، الفروض المالية الاسلامية الدورية و أثرها التوزيعي، رسالة دكتوراه في الاقتصاد، جامعة بغداد، ١٩٨٧ (غير منشورة)، ص٨٩ .

ثانيا: المواشي

المواشي التي تجب فيها الزكاة هي الابل والبقر والغنم ومن شروط وجوب الزكاة فيها أن تبلغ النصاب كعدد من حيث عددها لا قيمتها. وان يحول عليها الحول وان تكون سائمة أغلب أيام السنة. أما باقي الحيوانات فلا تزكى إلا إذا كانت معدة التجارة فعندها تخضع لزكاة عروض التجارة. وفيما يلي جداول يبين نصاب ومقدار الزكاة لهذه الاصناف:

١- زكاة الاغنام والماعز: وتكون حسب الجدول الآتي:

النصاب	مقدار الزكاة الواجبة
١-٣٩	معفاة من الزكاة
٤٠-١٢٠	شاة واحدة
١٢١-٢٠٠	شاتان
٢٠١-٣٠٠	ثلاث شياه
٣٠١-٤٠٠	أربه شياه
٤٠١-٥٠٠	خمس شياه

وهكذا في كل مائة شاة.

٢- زكاة البقر والجاموس: وتكون حسب الجدول الآتي:

النصاب	مقدار الزكاة الواجبة
١-٢٩	معفاة من الزكاة
٣٠-٣٩	عجل عمره سنة
٤٠-٥٩	بقرة عمرها سنتان

و هكذا تتزايد الزكاة عن كل ثلاثين عجل عمره سنة وعن كل أربعين بقرة عمرها سنتان.

٣- زكاة الابل: وتكون حسب الجدول الآتي:

النصاب	الزكاة
٠-٤	معفاة
٥-٩	شاة
١٠-١٤	شاتان
١٥-١٩	ثلاث شياه
٢٠-٢٤	أربع شياه
٢٥-٣٥	ناقة عمرها أكثر من سنة
٣٦-٤٥	ناقة عمرها أكثر من سنتين
٤٦-٦٠	ناقة عمرها أكثر من ثلاث سنوات
٦١-٧٥	ناقة عمرها أكثر من أربع سنوات
٧٦-٩٠	ناقتان عمرهما أكثر من سنتين
٩١-١٢٠	ناقتان عمرهما أكثر من ثلاث سنوات

وما يزيد عن ذلك ففي كل أربعين ناقة عمرها أكثر من سنتين وفي كل خمسين ناقة عمرها ثلاث سنوات.

ثالثا: زكاة الزروع والثمار

نصاب الزروع والثمار هو ٦٥٠ كيلوغرام أما مقدار الزكاة فيكون حسب طريقة السقي. فتكون بنسبة العشر (١٠٠) للذي يسقى بدون واسطة أي يسقى بماء المطر أو سيحا. وهذا التمييز يراعي تكاليف الإنتاج التي تكون في المحصول

الذي يسقى بالواسطة أعلى مما هي عليه في المحصول الذي يسقى بدون واسطة.

رابعا: زكاة بعض الأموال الأخرى

بعد تنوع النشاط الاقتصادي وتنوع الدخول وكبرها من الانشطة الاقتصادية المعاصرة، والتي لم تكن بهذا الحجم والاتساع سابقا يرى بعض العلماء المعاصرين وجوب شمول دخولها بالزكاة. مثل دخول أصحاب المهن الحرة وعيادات الاطباء وكبار المحامين وما شابه ذلك. لان إحدى أهم أهداف الزكاة هي مواساة الفقراء وتقليل الفوارق بين الاغنياء والفقراء. إذ لا فرق بين الغنى المتأتي من التجارة والاملاك العقارية أو من العمل أو من ربح رأس المال. فلو قصرت الزكاة على الأموال والانشطة التقليدية وأعفيت دخول الانشطة الاقتصادية الحديثة فان هذا سيكون منطقة أشبه بالفراغ الضريبي الذي يؤدي إلى جذب الاستثمارات والموارد إلى هذه الانشطة دون تلك مما يؤدي إلى اختلال في توزيع الموارد على الانشطة الاقتصادية والذي يقود إلى اختلالات هيكلية على مستوى الاقتصاد الكلي.

٥-٢-١-٥: الخصائص المالية لايراد الزكاة[1]:

أولا: وفرة حصيلتها

وذلك لاسباب منها

١. أنها عبادة يثاب دافعها ويعاقب تاركها لذلك يقل التهرب منها إلى ابعد الحدود.

٢. أنها تفرض على جميع الأموال النامية.

(١) وليد خالد الشايجي، "المدخل الى المالية العامة الاسلامية "، الطبعة الاولى، دار النفائس، عمان، ٢٠٠٥، ص٥١ .

٣. انخفاض نسبتها مما يشجع على دفعها.

ثانيا: دوريتها

إذ تتكرر سنويا بالنسبة لعروض التجارة وموسميا بالنسبة للزروع والثمار. اضافة إلى ذلك فإنها ترفد الموازنة بايرادات طيلة أيام السنة لان تاريخ اكمال النصاب وحولان الحول يختلف من مكلف لاخر.

ثالثا: استمراريتها

ايراد الزكاة مستمر في جميع الاحوال فلا يد للدولة في تغيير نسبتها أو إلغائها أو تغيير طريقة انفاقها.

٥-٢-١-٦: ملاحظات حول أسعار الزكاة:

أولا: نلاحظ أن أسعار الزكاة نسبية وليست تصاعدية. وذلك لأنها لا تصيب إلا الاغنياء وبعد مرور حول على غناه (ما عدا الإنتاج الزراعي والمعادن) وكانما تم اعتبار الاغنياء طبقة واحدة.

ثانيا: تفرض الزكاة على الاوعية بنسب مختلفة وحسب طبيعة الوعاء إذ نجد أن زكاة النقود وعروض التجارة هي ٢,٥% لان الزكاة هنا تصيب رأس المال والدخل المتحقق معا وهي هنا أقل بكثير من زكاة الزروع والثمار والتي هي ٥% و١٠% لان الاخيرة تصيب الدخل المتحقق دون رأس المال.

ثالثا: تراعى تكاليف الإنتاج عند تحديد سعر الزكاة. فهي تصل الى٢٠% في الركاز (الأموال التي يعثر عليها مدفونة من عصور قديمة) والمعادن وزكاة الزروع التي تسقى بدون تكاليف ١٠% والتي تسقى بتكاليف ٥%.

رابعا: تدفع الزكاة حسب طبيعة وعائها فهي تدفع من النقود بشكل نقدي وكذلك من عروض التجارة وتدفع بشكل عيني من الأموال الأخرى ويجوز إخراج القيمة بدل العين أن كانت المصلحة تقتضي ذلك كان يكون أصلح للفقراء.

٥-٢-٢: ايرادات الدولة من املاكها (الدومين):

وتشمل ما تحصل عليه الدولة من ايرادات مما تقيمه من المشروعات العقارية والصناعية والتجارية... وتعتمد أهمية هذه الإيرادات على مدى تدخل الدولة في الاقتصاد وحجم القطاع العام مقارنة مع القطاع الخاص.

٥-٢-٣: الإيرادات من استغلال الثروات الطبيعية :

هي الإيرادات التي تحصل عليها الدولة من استغلالها للثروات الطبيعية الموجودة في أراضيها مثل النفط والغاز والمعادن والغابات. وتعد هذه الإيرادات من أهم الإيرادات العامة خاصة في الدول الغنية بمثل هذه الموارد. ويتم استغلال هذه الموارد بأشكال مختلفة منها الاستغلال المباشر من قبل القطاع العام أو عن طريق التأجير أو المشاركة أو منح الامتيازات لشركات معينة... أو غير ذلك من صيغ الاستثمار.

٥-٢-٤: الخراج:

وهي ضريبة فرضها عمر بن الخطاب رضي الله عنه على الارضي الزراعية المفتوحة بعد أن رأى أن من المصلحة عدم توزيعها بين الفاتحين وإبقائها وقفا على جميع المسلمين. وتحدد الدولة سعر هذه الضريبة وفق

اعتبارات المستوى العام للأسعار وحالة النشاط الاقتصادي وخصوبة الارض وتكاليف الإنتاج الزراعي.

وتؤخذ ضريبة الخراج وفق نظامين هما:

٥-٢-٤-١: خراج الوظيفة:

تفرض ضريبة الخراج على شكل قدر مقطوع من المال على مساحة محددة من الارض كالدونم أو الفدان أو الكيلومتر المربع... ولا علاقة لمقدار الضريبة بحجم الإنتاج المتحقق إذ يدفع الخراج مقابل التمكن من الانتفاع بالارض. ويدفع سواء تحقق الإنتاج أم لا. وهذا هو النظام الذي طبق في عهد الخليفة الراشد عمر بن الخطاب رضي الله عنه .

٥-٢-٤-٢: خراج المقاسمة

تفرض ضريبة الخراج على شكل نسبة محددة من الناتج المتحقق كالربع أو الخمس ويتكرر دفع هذه النسبة كلما تحقق ناتج زراعي. بمعنى آخر أنها ضريبة موسمية.

انخفضت أهمية الخراج في الوقت الحاضر بسبب وقوع الكثير من الاراضي تحت الملكية الخاصة. والاستعاضة عن ضريبة الخراج بالضريبة الزراعية. يتحدد مقدار ضريبة الخراج من قبل الدولة بعد أن تأخذ بالاعتبارات الآتية:

أولا: نوعية الارض من حيث الجودة والخصوبة والموقع.

ثانيا: نوعية المحاصيل التي يمكن أن تزرع من حيث أسعارها.

ثالثا: طريقة السقي وعموم تكاليف الإنتاج.

رابعا: الظروف الاقتصادية السائدة من حيث حجم البطالة ومستوى الاستخدام. وهذه الضريبة يمكن أن تستخدم لاغراض غير مالية إذ ممكن أن تخفض لغرض زيادة الإنتاج والاستخدام ومكافحة الانكماش الاقتصادي والبطالة.

٥-٢-٥: الجزية:

تعرف الجزية بانها المال المأخوذ من أهل الذمة المقيمين بدار الاسلام. وأهل الذمة هم اليهود والنصارى والمجوس المقيمين في بلاد الاسلام. وهي ضريبة شخصية تفرض على رؤوس أهل الذمة من الرجال القادرين على دفعها. وهي كذلك ضريبة سنوية أي تفرض مرة كل عام أما سعرها فيحدد عن طريق عقد بين الدولة وأهل الذمة. ويراعى عند تحديد سعرها الظروف الاقتصادية. ويمكن أن يعفى منها كبار السن والعاجزين عن العمل والكسب.

أما الحكمة من فرض الجزية فهي أن أهل الذمة مواطنون عليهم أن يتحملوا جزء من تكاليف الخدمات العامة التي تقدمها الدولة مثل الأمن والدفاع وبما انهم معفوون من الزكاة والجهاد فتكون مساهمتهم من قبيل دفع الجزية. وتسقط الجزية إذا عجزت الدولة عن حماية أهل الذمة أو عند اشتراكهم في تحمل أعباء الدفاع، أو عند العجز عن دفعها. ويرى الفكر الاسلامي المعاصر أن أمر الجزية مفوض إلى رأي الامام بما يحقق مصلحة المجتمع.

اخذت الاهمية المالية للجزية تقل منذ العهد الاموي إلى وقتنا الحاضر لعدة أسباب منها:

٥-٢-٤-١: دخول الكثير من أهل الذمة في الاسلام.

٥-٢-٤-٢: اشتراك أهل الذمة في دفع الضرائب التي تفرضها الدولة.

٥-٢-٤-٣: اشتراك أهل الذمة في الخدمة العسكرية والقتال إلى جانب المسلمين.

٥-٢-٦: العشور:

هي الضرائب التي تفرض على الأموال المعدة للتجارة والتي تعبر الحدود السياسية للدولة وبأسعار مختلفة بحسب الموقف من الاسلام، وبحسب مبدأ المعاملة بالمثل وسميت بالعشور لأنها كانت تؤخذ بنسبة العشر (١,.) عندما فرضت في زمن عمر بن الخطاب رضي الله عنه . ومبررات فرضها أنها نظير ما يتمتع به التاجر غير المسلم من خدمات عامة تقدمها الدولة مثل الأمن والطرق العامة...

لقد استبدلت ضريبة العشور أو حل محلها الضرائب الكمركية والترانزيت. وهي في الوقت الحاضر من الإيرادات المهمة للخزانة العامة. اضافة إلى أنها تستخدم كأداة فعالة من أدوات السياسة الاقتصادية لغرض تحقيق عدة أهداف اقتصادية واجتماعية وسياسية. أما أسعار الضرائب الكمركية فتحدد من قبل الدولة وحسب مصلحتها أو وفق مبدأ المعاملة بالمثل. وتحكم الضرائب الكمركية في الوقت اتفاقيات تشترك فيها مجاميع صغيرة أو كبيرة من الدول بغية تحقيق مصالحها المشتركة. ويدخل في اعتبار أسعار هذه الضرائب نوع السلعة كذلك.

٥-٢-٧: الفيء[1]:

الفيء هو كل مال حصل عليه المسلمون من الكفار بلا قتال ولا ايجاف

(١) وليد خالد الشايجي، "مدخل للمالية العامة الاسلامية "، الطبعة الاولى، دار النفائس، عمان، ٢٠٠٥، ص٦٢ .

خيل ولا ركاب. ويصرف الفيء على مذهبين هما:

٥-٢-٧-١: أن الفيء يخمس كالغنيمة، يصرف خمسه إلى الاسهم التي يصرف فيها خمس الغنيمة وهي (المصالح العامة، وذوي القربى واليتامى والمساكين وأبناء السبيل). أما الاربعة أخماس الباقية فإنها تصرف على المقاتلين ومن يقوم بخدمتهم كالقضاة والائمة والخدم وغيرهم وهذا مذهب الشافعي رحمه الله تعالى.

٥-٢-٧-٢: أن الفيء لا يخمس وانما هو لجميع المسلمين يصرفه الامام في مصالحهم العامة، يبدأ منها بالاهم فالاهم كسد الثغور وتنمية البلاد وهذا مذهب الاحناف والمالكية والحنابلة.

يعتبر الفيء من الإيرادات المالية غير الدورية والمؤقتة لأنه لا يتكرر، وهو غير موجود حاليا بسب توقف الفتوحات الاسلامية.

٥-٢-٨: خمس الغنائم:

الغنائم هي الأموال التي تؤخذ من الكفار قهرا بالقتال. ويوزع خمسها كما حددته الاية الكريمة **(واعلموا أنما غنمتم من شيء فأن لله خمسه وللرسول ولذي القربى واليتامى والمساكين وابن السبيل إن كنتم آمنتم بالله وما أنزلنا على عبدنا يوم الفرقان يوم التقى الجمعان و الله على كل شيء قدير)** (الانفال:٤١) وهذا هو مذهب الشافعية والحنابلة[1]. أن ايراد خمس الغنائم يعتبر ايرادا مؤقتا واستثنائيا لا يتكرر سنويا في الموازنة العامة وهو غير موجود حاليا بسب توقف الفتوحات الاسلامية.

---

(٢) وليد خالد الشايجي، مصدر سابق، ص٦٤.

٥-٢-٩: الهبات والتبرعات والصدقات:

تشمل كل الأموال التي تتلقاها الدولة من الأفراد والمؤسسات والدول لمساعدتها في تمويل نفقاتها العامة. وهذا الإيراد غير منضبط وعادة ما يزداد اوقات الازمات ويقل وقت الرخاء واليسر.

٥-٢-١٠: الإيرادات الأخرى:

مثل الضوائع التي لا يعرف أصحابها، ومال من مات ولا وارث له من المسلمين وكذلك الغرامات الجزائية لمخالفي القوانين والانظمة... الخ.

٥-٢-١١: أهداف الإيرادات العامة:

لايرادات الدولة عدة أهداف أهمها:

٥-٢-١١-١: الأهداف المالية:

فهي توفر الأموال اللازمة للدولة لتتمكن من القيام بوظائفها الأساسية والتي اخذت بالازدياد والاتساع بمرور الوقت نتيجة للتطور الاقتصادي والاجتماعي الذي تطلب تدخل الدولة بهذا القدر أو ذاك في أغلب جوانب حياة المجتمع. وأمر طبيعي أن لا تستطيع الدولة أن تقوم بهذه الاعمال من غير توفر الأموال اللازمة لذلك. مع التأكيد على أن نظام القسر أو السخرة أصبح غير مجدي في الوقت الحاضر إلا في حالات قليلة جدا.

٥-٢-١١-٢: الأهداف الاجتماعية:

تساهم الإيرادات العامة في تقليل الفوارق بين فئات المجتمع من ناحية

حجم الملكية وما يحصلون عليه من دخول. فالزكاة مثلا تؤخذ من الاغنياء فهي تعمل على التقليل من غناهم. واذا ما علمنا أن جزءا كبيرا منها يذهب لذوي الحاجة فإنها سوف تعمل على رفع مستواهم المعاشي، وبذلك تقل الفجوة بين أصحاب الدخول العالية والمنخفضة وكذلك الإيرادات الأخرى فإنها تدخل إلى الخزانة العامة وتستخدمها الدولة في إشباع الحاجات العامة التي عادة يستفيد منها الفقراء بشكل أكبر من الاغنياء رغم أن الاغنياء يساهمون بشكل أكبر في تمويلها.

٥-٢-١١-٣: الأهداف الاقتصادية:

تستطيع الدولة تحقيق أهداف اقتصادية من خلال تنفيذها للايرادات. فالزكاة مثلا تساعد على تنمية الثروة وزيادة الدخل لان صاحب المال (الغني) يحاول الحفاظ على ماله وغناه. وانه إذا دفع الزكاة بشكل دوري من ثروته فسوف تتناقص إلى أن يصبح من الفقراء. لذلك يعمل وبدافع من غريزة حب المال إلى استثمار امواله لكي يتمكن من دفع الزكاة من عائد الاستثمار (الربح) لذلك يقول رسول الله صلى الله عليه وسلم (إلا من ولي يتيما له مال فليتجر فيه ولا يتركه حتى تأكله الصدقة)[1]. أما الضرائب فإنها وسيلة طيعة بيد الدولة للتأثير في الاوضاع الاقتصادية مثل تشجيع الإنتاج الوطني أو تشجيع الصادرات أو تنمية قطاع أكثر من آخر وغير ذلك.

---

(١) رواه الترمذي، رقم الحديث ٥٨.

المبحث الثالث

٥-٣: النفقات العامة لبيت المال:

أن الإيرادات التي تدخل بيت المال تقسم على نوعين، الاول تتبع فيه قاعدة تخصيص الإيراد. أي أن ايرادا معينا يوجه فقط إلى أبواب انفاق محددة. ولا يجوز بأي حال من الاحوال تحويله إلى غيرها. أما النوع الثاني فيوجه إلى الانفاق العام الذي يشبع الحاجات الجماعية التي يحتاجها الجميع.

٥-٣-١: النوع الاول: انفاق الإيرادات المخصصة الانفاق:

توجد في النظام المالي الاسلامي ايرادات معينة قد حدد الشرع وجهة انفاقها ولا يجوز للدولة الحيود عنها لاي سبب من الأسباب، وهذه الإيرادات هي:

٥-٣-١-١: انفاق حصيلة الزكاة:

الزكاة هي الركن الثالث من أركان الاسلام الخمسة وتعرف شرعا بانها حق واجب في مال مخصوص لطائفة مخصوصة في وقت مخصوص. فالحق الواجب يعني الزكاة وهي تختلف حسب انواع الأموال. أما المال المخصوص فيقصد به وعاء الزكاة أي الأموال التي تجب فيها الزكاة وهي الانعام والمحاصيل الزراعية والنقد وعروض التجارة. أما الطائفة المخصوصة فيقصد بها الاصناف الثمانية الذين تقسم عليهم حصيلة الزكاة، حيث حددتهم الاية الكريمة (**إنما الصدقات للفقراء والمساكين والعاملين عليها والمؤلفة قلوبهم وفي الرقاب والغارمين وفي سبيل الله وابن السبيل فريضة من الله و الله عليم حكيم**) (التوبة:٦٠). وفي السنة الشريفة (أن رجلا جاء إلى النبي صلى الله عليه وسلم فقال:

اعطني من الصدقة، فقال له رسول اللـه صلى اللـه عليه وسلم : أن اللـه لم يرض بحكم نبي ولا غيره في الصدقات حتى حكم فيها هو فجزأها ثمانية أجزاء فان كنت من تلك الاجزاء أعطيتك حقك) [١] وهذه الاجزاء الثمانية هي حسب الترتيب الآتي:

أولا: الفقراء والمساكين

وقد اختلف الفقهاء في أيهما أشد حاجة من الاخر، فالشافعية والحنابلة يـرون أن الفقير هو أشد حاجة وأسوأ حالا من المسكين بينما يرى الحنفية والمالكية أن المسكين هـو أشد حاجـة وأسوأ حالا من الفقير، إلا أن الفريقين اتفقوا على انهما من أهل الحاجة. ثم اختلف الفقهاء مرة ثانية في الكفاية المعتبرة أي مقدار ما يعطى للفقير والمسكين من زكاة على قولين هما:

أ. المالكية والحنابلة: انهما يعطيان من الزكاة ما يكفيهما ومن يعولون لمدة عـام. والسـبب في ذلك هو دورية الزكاة السنوية فيكرر العطاء كل عام. وقد صح كـذلك في الهـدي النبـوي انه صلى اللـه عليه وسلم كان يدخر لاهله أكثر من قوت عام [٢].

ب. الشافعية: يعطيان من الزكاة ما يخرجهما من الحاجة والفقر إلى الغنى وهو ما تحصل به كفاية العمر. ويمكن التوفيق بين هذين القولين عند الاخـذ بنظر الاعتبـار الحالـة التـي يكون عليها كل من الفقير والمسكين وهي نوعان:

١. أن يكون أحدهما صاحب حرفة وقادر على الكسب فانه يعطى من الزكاة مـا يشـتري به أدوات حرفته (قلت قيمتها أو كثرت) ليعمل ويكفي نفسه ومن يعول طول عمره أو يعطى رأس مال أن كان تاجرا.

---

(١) أبو داود، سنن أبي داود، تحقيق محمد محي الدين عبد الحميد، المكتبة العصرية، رقم الحديث ١٦٣.
(٢) صحيح مسلم، رقم الحديث ٣٣٢

٢. أن يكون أحدهما عاجزا أو غير قادر على العمل مثل كبار السن والارامل والمرضى المزمنين والعميان... ففي هذه الحالة يعطى من الزكاة كفاية عام له ولمن يعول. ثم يجدد العطاء سنويا أو يقسط هذا العطاء شهريا. وهنا يجب التأكيد على أن الكفاية لا تمثل المأكل والمشرب والملبس فقط بل تشمل الزواج وكل ما لا بد منه ومن غير اسراف أو تقتير. وهذه الكفاية تختلف من شخص لآخر ومن مكان لآخر ومن زمن لآخر [١].

ثانيا: العاملين عليها

وهم الجهاز الإداري الذي يتولى عملية جمع وانفاق الزكاة. وهؤلاء العمال ياخذون أجرهم من حصيلة الزكاة لا لانهم محتاجين بل ما ياخذونه هو مقابل ما يؤدون من عمل. أما مقدار ما يعطون من الزكاة فأفضل الاراء هو أن يعطوا أجر مثل اقرانهم حتى لو استغرق كل الزكاة وان لم تكف الزكاة تمم لهم من بيت المال وفي ذلك اغناء لهم عن الخيانة مثل تلقى الهدايا والغلول من اموال الزكاة أو غير ذلك.

ثالثا: المؤلفة قلوبهم

هم صنف من الناس يعطون من الزكاة لاستمالتهم لمصلحة الاسلام سواء عن طريق ادخالهم في الاسلام أو تثبتهم عليه أو كف شرهم... ويعطى المسلم والكافر. وهذا الصنف يعطى من الزكاة أن كانت هناك حاجة للاسلام في تأليف قلوب هؤلاء. وان لم تكن هناك حاجة وكان الاسلام قويا وعزيزا فلا يعطى أحد

---

(١) يوسف القرضاوي، فقه الزكاة، مؤسسة الرسالة، بيروت، ط٧، ١٩٨٤، جـ٢، ص٥٧٦ .

منهم شيء من الزكاة. أما مقدار ما يعطوا من الزكاة فيحدد من قبل الدولة المسلمة وكل حسب أهميته ودوره في نصرة الاسلام.

رابعا: الرقاب

يقصد بالرقاب أمران اولهما عتق العبيد عندما كان نظام الرق سائد إذ يصرف لهم سهم من اموال الزكاة ليتم شرائهم من اسيادهم وتحريرهم. وهذه العملية جزء من منظومة أخرى ساهمت في عتق جميع العبيد وبالتالي تم الغاء هذا النظام الذي يقدح بكرامة الإنسان. أما الأمر الثاني فهو فداء أسرى المسلمين من أيدي الاعداء وهو كفك رقبة العبد من الرق حيث ينال الاسير حريته وفي ذلك اعزاز للاسلام. وهذا المصرف باق إلى وقتنا الحاضر لاستمرار الحروب.

خامسا: الغارمين

يصرف جزء من الزكاة لسداد دين المدينين العاجزين عن الوفاء بالتزاماتهم. والغارمون يكونون على صنفين هما:

١. الصنف الاول: من غرم لمصلحة نفسه أو لمن يعول أو اتلف شيئا على غيره خطأ أو استدان لمصلحة عامة كبناء مدرسة أو مسجد فهذا يعطى من الزكاة بالشروط الآتية:

١. أن يكون مسلما وغير قادر على سداد دينه.

٢. أن يكون سبب دينه أمرا مباحا وفي طاعة الله.

٣. الصنف الثاني: من استدان لاصلاح ذات البين:

وهو من استدان لغرض الاصلاح بين شخصين أو قبيلتين أو طائفتين في

نفس أو مال. وقد خصص لهم سهم من الزكاة لتشجيعهم على اطفاء الفتن بين المسلمين واعانتهم على هذا الموقف العظيم الشان. ويعطوا من الزكاة حتى لو كانوا أغنياء.

سادسا: في سبيل الله

سهم يخصص من اموال الزكاة للجهاد في سبيل الله ونشر الاسلام واعلاء كلمته وهذا ما عليه الاجماع وهناك من يرى بان سبيل الله يشمل الحج وآخرون يرون أن في سبيل الله تتسع لكل وجوه الخير والبر التي أمر بها الاسلام.

سابعا: ابن السبيل

هو المسافر المنقطع عن بلده وقد نفدت نفقته فيعطى من اموال الزكاة لتمكينه من العودة إلى بلده وقد حدد الفقهاء استحقاق ابن السبيل للزكاة بالشروط الآتية:

١. أن يكون محتاجا إلى ما يوصله إلى بلده أو مقصده.

٢. أن يكون سفره مباحا أو في طاعة الله.

يمثل هذا السهم صورة من صور التكافل الاجتماعي ليس بين أبناء الحي الواحد والمدينة الواحدة فقط بل بين المسلمين جميعا من أي بلد جاءوا.

هناك ملاحظة ختامية عن مصارف الزكاة الثمانية، حيث نلاحظ انه قد أضيفت لام التمليك للمصارف الاربعة الأولى. وفي ذلك دلالة على أن هذه الاصناف تملك ما يعطى لها من زكاة ملكية تامة ويحق لها أن تتصرف به ما شاءت من التصرفات المباحة. أما في حالة الاصناف الاربعة الأخرى فقد أضيفت" في" الظرفية وفي ذلك دلالة على أن هذه المصارف لا تملك الزكاة بل

تدفع للجهات التي استحقت الاخذ بسببها. فالزكاة لا تدفع للعبد بل لسيده لقاء عتق رقبته. وتدفع للدائن وليس للمدين.

٥-٣-١-٢: انفاق خمس الغنائم:

الغنيمة هي كل مال اخذ من الاعداء قهرا بالقتال. وقد حدد القرءان الكريم طريقة توزيعها في قوله تعالى **(واعلموا أنما غنمتم من شيء فأن لله خمسه وللرسول ولذي القربى واليتامى والمساكين وابن السبيل إن كنتم آمنتم بالله وما أنزلنا على عبدنا يوم الفرقان يوم التقى الجمعان و الله على كل شيء قدير) (الانفال:٤١)**

فاموال الغنائم المنقولة تقسم على خمسة أسهم، أربعة أسهم للمقاتلين والخمس المذكور في الاية الكريمة يوزع إلى خمسة أسهم هي:

أولا: سهم الله ورسوله يصرف في المصالح العامة. فلفظ الجلالة ورد للتبرك والا فان الله تعالى يملك الكون كله. أما سهم رسول الله صلى الله عليه وسلم فانه يصرف من بعده في مصالح المسلمين فقد روى النسائي أن رسول الله صلى الله عليه وسلم اخذ يوم حنين وبرة من جنب بعير فقال ((يا أيها الناس انه لا يحل لي مما أفاء الله عليكم قدر هذه إلا الخمس والخمس مردود عليكم))[١].

ثانيا: سهم ذوي القربى وهم قرابة الرسول صلى الله عليه وسلم .

ثالثا: سهم اليتامى: اليتيم هو كل صغير توفي أبوه ولم يبلغ الحلم لقوله صلى الله عليه وسلم ((لا يتم بعد الاحتلام))[٢].

(١) النسائي، "سنن النسائي "، رقم الحديث ٤،٦٩ ..

(٢) أبو داود، سنن أبي داود، رقم الحديث ٢٨٧٣

رابعا: سهم المساكين: وهم من لا يجدون كفايتهم من العيش ويدخل معهم الفقراء.

خامسا: سهم ابن السبيل: وهو المسافر المسلم المنقطع عن بلده وقد نفد ما معه مـن مـال. فيعطى ما يبلغه بلده أو مقصده.

٥-٣-١-٣: انفاق خمس الفيء:

الفيء هو كل مال حصل عليه المسلمون من الكفار بـلا قتـال. ويقسـم هـذا المـال كمـا تقسـم اموال الغنائم. أي يذهـب خمسـه إلى المصالح العامة وذوي القـربى واليتامـى والمساكين وابن السبيل. أما الاربعة أخماس الأخرى فتذهب للمقاتلين ومـن يسـاندهم. وهنـاك من يرى أن الفيء يصرفه الامام في مصالح المسلمين.

أما بالنسبة للاموال غير المنقولة مـن أرض وبنـاء فالرأي للامام أن شـاء جعلـه وقـفا وتقسم غلته كما يقسم المال المنقول، أو يقسمه أو يبيعه ويقسم ثمنه. بمعنى آخـر أن الامـام يتصرف بهذه الأموال بما فيه مصلحة المسلمين.

أن الإيرادات محددة الانفاق لا يجوز للامام أن يصرفها إلى غير ما خصصت لـه. لكـن لـه أن يقدم أحدها على الأخرى أو أن يصرف المال على بعضها دون بعضها الاخر بشكل عـام انـه يتصرف فيها ضمن مصارفها المحددة بما يحقق المصلحة العامة للمسلمين.

٥-٣-٢: النوع الثاني: النفقات العامة الأخرى:

نفقات الدولة العامة الأخرى غير المخصص لها ايراد معين تغطي من ايرادات بيـت المـال المتكونة من عوائد الدولة من املاكها (الدومين) والجزية

والخراج وما تفرضه الدولة من ضرائب وغير ذلك. تنفق حصيلة هذه الإيرادات لتسديد رواتب العاملين لدى الدولة وتقديم الخدمات العامة التي تشبع الحاجات العامة الأفراد المجتمع. وليس هناك تحديد دقيق لمدى تدخل الدولة في تقديم الخدمات أو مدى التوسع في دور الدولة في النواحي الاجتماعية   والاقتصادية إذ يعد ذلك من باب السياسة الشرعية التي تتغير من زمان إلى آخر وحسب الظروف الاقتصادية والاجتماعية. المهم أن تكون الدولة مسؤولة عن توفير الظروف الملائمة لاقامة شرع الله والقيام على تنفيذه وتكون حريصة على توفير مستلزمات الأمن وبناء القوة الكفيلة بحماية المجتمع والعمل على تطوير جميع جوانب المجتمع بشكل مستمر وضمن المبادئ والقواعد العامة لدين الاسلام.

ومثال على ذلك تحديد اجور العاملين في الدولة فان هذه الاجور يجب أن تضمن إيصال الموظف إلى مستوى الكفاية كحد ادنى. ويعتمد تحديد راتب الموظف على عدة اعتبارات منها المستوى العام للأسعار وطبيعة العمل والظروف الشخصية للعامل كعدد من يعيل من الأفراد أو أي التزامات أخرى[1]. ويروى أن عمر بن الخطاب رضي الله عنه استخدم أصحاب الرسول صلى الله عليه وسلم في جباية الخراج فقال أبو عبيدة عامر بن الجراح رضي الله عنه دنست أصحاب رسول الله صلى الله عليه وسلم فقال عمر: إذا لم استعن بأهل الدين على سلامة ديني فبمن أستعين فقال أما

---

(١) سعيد علي محمد العبيدي، أبعاد التنمية الاقتصادية في الاسلام، رسالة دكتوراة في الاقتصاد، الجامعة المستنصرية، ١٩٩٥، ص ١٢٥.

أن فعلت فأغنهم بالعمالة عن الخيانة[1]. هكذا هو الحال مع صحابة رسول الـلـه صلى الـلـه عليه وسلم فكيف يجب أن يكون الحال مع الموظفين في الوقت الحاضر.

٥-٣-٣: آثار النفقات العامة:

للنفقات العامة في الاسلام آثار في الجوانب الاجتماعية والاقتصادية للمجتمع وفيما يأتي أهم هذه الآثار:

٥-٣-٣-١: الآثار الاجتماعية:

للنفقات العامة آثار اجتماعية واضحة في عدة مجالات. ففي مجال إعادة توزيع الـدخل نلاحظ أن من واجب الدولة العمـل علـى توزيـع الـدخل القـومي بشـكل عـادل. وتعمل دائمـا وبوسائل عديدة على تقليل الفجوة بين الاغنياء والفقـراء بـل تعمـل جاهـدة علـى القضاء علـى الفقر ومن مسؤولياتها ضمان حد الكفاية لكل مواطن. وكذلك تقع على الدولة مسـؤولية إشباع الحاجات العامة التي لا يقدر الأفراد على إشباعها. وعليهـا تنشـيط أو تطـوير جانب معـين قـد يتكاسل الأفراد في ذلك مثل نشرـ التعليـم والصـحة ونشرـ ديـن الاسلام وتحصين المجتمـع مـن الأمراض الاجتماعية ودرء المفاسد.

٥-٣-٣-٢: الآثار الاقتصادية:

للنفقات آثار اقتصادية في عدة مجالات منها:

أولا: أثرها في الإنتاج: تساهم النفقات العامة في زيادة الإنتاج لان الانفـاق العـام يكـون منتجا وذلك من خلال مساهمته في بناء الهياكل الأساسية

---

(١) أبو يوسف ، الخراج، ص ١١٣ .

للاقتصاد والتي تخفض من تكاليف الإنتاج (وفورات خارجية) مثل تعبيد الطرق وبناء الجسور واستصلاح الاراضي وبناء المستشفيات والمؤسسات التعليمية... هذا اضافة إلى انه ليس هناك مانع من أن تقوم الدولة بتولي أمر بناء وادارة المشاريع الاقتصادية عندما يتطلب الاقتصاد ذلك أو تستوجب ذلك المصلحة العامة للمجتمع.

ثانيا: أثر النفقات العامة في الدخل والاستخدام: يساهم الانفاق العام في زيادة الدخل والاستخدام خصوصا إذا كان في المجالات الإنتاجية لأنه يؤدي إلى رفع الطلب الكلي الاستهلاكي والاستثماري من خلال العمل على زيادة استهلاك الفئات الفقيرة والتي تتمتع بميل حدي مرتفع للاستهلاك. وكذلك يساهم الانفاق العام في رفع الاستهلاك العام أي نفقات الدولة الاستهلاكية. اضافة إلى ما تقوم به الدولة من مشاريع إنتاجية وما تطلبه الدولة من مشاريع إنتاجية وما تطلبه من عناصر إنتاج. مما يؤدي إلى رفع الطلب الاستهلاكي والاستثماري مما يؤدي إلى زيادة الدخل والاستخدام خاصة إذا كانت هناك موارد إنتاجية عاطلة في البلد.

٥-٣-٤: ضوابط الانفاق العام في الاسلام[1]:

٥-٣-٤-١: ضرورة الالتزام بالنفقات العامة المنصوص عليها في القرءان الكريم والسنة النبوية التي لا يجوز تجاوزها أو إلغاؤها أو تغيير وجهة صرفها كما هو الحال بمصارف الزكاة الثمانية . (**إنما الصدقات للفقراء**

(١) وليد خالد الشايجي، مصدر سابق ص ٧٢-٧٤

والمساكين والعاملين عليها والمؤلفة قلوبهم وفي الرقاب والغارمين وفي سبيل الله وابن السبيل فريضة من الله و الله عليم حكيم) (التوبة:٦٠).

٥-٣-٤-٢: ضرورة الالتزام بالترتيب الشرعي في الانفاق على إشباع الحاجات أو المصالح العامة التي يتم الانفاق عليها من الإيرادات العامة من غير الإيرادات المخصصة الانفاق، والذي يتم فيه ترتيب الحاجات أو المصالح العامة ترتيبا تنازليا حسب أهميتها للانسان وكما يأتي:

أولا: المصالح الضرورية: وهي التي لا تستقيم حياة الإنسان إلا بإشباعها وتتمثل بالضرورات الخمس وهي حفظ الدين ثم النفس ثم العقل ثم النسل ثم المال.

ثانيا: المصالح الحاجية: وهي التي يحتاج اليها الناس لرفع الحرج والمشقة من حياتهم. وهي لا تصل إلى حد الضرورة. واذا لم تراع يعاني الناس من الحرج والمشقة في حياتهم اليومية.

ثالثا: المصالح التحسينية أو الكمالية: وهي التي يتم من خلالها إدخال كل شيء حسن من شانه تحسين حياة الناس بحيث تكون حياتهم أكثر متعة وراحة.

٥-٣-٤-٣: ضرورة الاعتدال والقوامة في الانفاق العام مع تحريم الانفاق على الحاجات المحرمة أو الضارة. وان يكون الانفاق على المباح من غير إسراف أو تقتير لقوله تعالى . **(والذين إذا أنفقوا لم يسرفوا ولم يقتروا وكان بين ذلك قواما) (الفرقان:٦٧).**

٥-٣-٤-٤: يتم سداد حاجات كل إقليم أو مدينة من ايراداته أولا بحيث لا تنقل الإيرادات إلى العاصمة أو إلى إقليم آخر إلا بعد أن تستنفذ أهدافها، كما في حالة فريضة الزكاة.

٥-٣-٤-٥: لا يتم انفاق المال العام على الأفراد إلا لاسباب شرعية كدفع اجور العمال وسداد مشتريات الدولة. وليس للحكام انفاق الأموال على شهواتهم وملاذهم إلا بقدر استحقاقهم وليس لهم أن يعطوا أقربائهم أو حاشيتهم ما لا يستحقون أو أكثر مما يستحقون.

المبحث الرابع

٥-٤: الموازنة العامة

تتكون الموازنة العامة للدولة من ثلاث موازنات مستقلة بعضها عن بعضها الاخر. والسبب في تعدد هذه الموازنات هو أن بعض هذه الإيرادات تكون مخصصة لاوجه معينة من الانفاق ولا يجوز عمل مناقلة من مجال انفاقي إلى آخر.

٥-٤-١: انواع الموازنات العامة:

توجد ثلاثة انواع من الموازنات العامة هي:

٥-٤-١-١: موازنة الزكاة:

ايرادات هذه الموازنة هي اموال الزكاة التي هي فريضة مالية على كل مسلم يمتلك النصاب المحدد لكل صنف من صنوف الأموال. وتجبى الزكاة بشكل نقدي أو عيني. أما نفقات هذه الموازنة فتحددها الاية الكريمة (إنما الصدقات للفقراء والمساكين والعاملين عليها والمؤلفة قلوبهم وفي الرقاب والغارمين وفي سبيل الله وابن السبيل فريضة من الله و الله عليم حكيم) (التوبة : 60.)

٥-٤-١-٢: موازنة خمس الغنائم والفيء:

ايرادات هذه الموازنة هي الغنائم التي تكسبها الدولة من حروبها مع الكفار، إذ يقتطع خمس هذه الغنائم لهذه الموازنة، أما الاربعة أخماس الأخرى

فتوزع على المقاتلين. وينفق خمس هذه الغنائم في وجوه انفاق محددة هي كما حددتها الاية الكريمة **(واعلموا أنما غنمتم من شيء فأن لله خمسه وللرسول ولذي القربى واليتامى والمساكين وابن السبيل) (الانفال:٤١).**

٥-٤-١-٣: الموازنة العادية:

ايرادات هذه الموازنة هي كل ايرادات الدولة غير المخصصة لاوجه معينة من وجوه الانفاق وتضم ايرادات الدولة من املاكها وحصيلة الضرائب المختلفة وغيرها.

٥-٤-٢: وسائل تمويل عجز الموازنة في الاقتصاد الاسلامي[١]:

أن توازن الموازنة أمر نادر الحدوث في الموازنات العامة لأغلب الدول وان كان هدفا مرغوبا في الظروف الاعتيادية. وقد حل محل التوازن الاختلال والعجز هو الغالب. وتلجأ الدول إلى تغطية هذا العجز عن طريق وسائل ثلاث هي فرض الضرائب والاقتراض والإصدار النقدي. وسوف نناقش كل وسيلة على انفراد من وجهة نظر الاقتصاد الاسلامي.

٥-٤-٢-١: فرض الضرائب (التوظيف) في الاقتصاد الاسلامي:

التوظيف مصطلح يقابل عملية فرض الضرائب ويعني الفريضة المالية التي تقررها الدولة على الموسرين لسد حاجة شرعية بشروط معينة.

(١) وليد خالد الشايجي, مصدر سابق , ص١١.

أولا: مشروعية التوظيف (فرض الضرائب)

١. عندما حاصر المشركون المدينة المنورة في غزوة الخندق أراد الرسول صلى الله عليه وسلم إعطاء قبيلة غطفان ثلث ثمار المدينة اتقاءا لشرهم وتحقيقا لمصلحة المسلمين، يستدل بهذه الحادثة على إمكانية اخذ جزء من اموال الناس لتحقيق مصلحة ضرورية.

٢. دليل المصلحة المعتبرة شرعا فلو قارن صاحب المال بين ما يصيبه من ضرر نتيجة لاخذ جزء من ماله وبين المنفعة التي ستعود اليه لوجد أن الاخيرة اكبر لأنها تمكن الدولة من حفظ دينه ونفسه وعقله ونسله وباقي ماله. وهذه مصلحة ضرورية معتبرة شرعا.

٣. حسب قاعدة الغنم بالغرم فبما أن الدولة تقدم خدمات عامة ضرورية يغنم (يستفيد) منها المواطن فعليه أن يغرم (يتحمل) نفقاتها.

ثانيا: ضوابط التوظيف (فرض الضرائب)

لا يجوز التوظيف شرعا إلا إذا توفرت فيه بعض الشروط والضوابط والتي يجب أن تلتزم بها الدولة الاسلامية إذا أرادت اللجوء اليه وهذه الشروط والضوابط هي:

١. وجود المصلحة المعتبرة شرعا مثل الانفاق على الجهاد في سبيل الله لنشر الاسلام، أو الانفاق على الفقراء، والمساكين، أو فداء الاسرى، أو الانفاق على المصالح الضرورية، أو ابراء ذمة الدولة تجاه من له حق مالي عليها مثل رواتب الموظفين وأثمان مشتريات الدولة وغير ذلك.

٢. عدم كفاية الإيرادات الاعتيادية لتغطية نفقات تأمين المصالح الضرورية للمجتمع.

٣. أن تراعي الدولة المقدرة التكليفية الشخصية للفرد. إذ تفرض عليه ما يطيق وبما يزيـد عـن حاجاته الضرورية. وقد تحقق الضرائب التصاعدية هذه الغاية.

٤. أن تتحقق العدالة في عملية التوظيف إذ يخضع جميع الأفراد المتساوون بالمعاملـة نفسـها وهذه تسمى العدالة الافقية وان يتعامـل معهـم كـل حسـب قدرتـه الماليـة وهـذه هـي العدالة العمودية.

٥. أن تجبى الأموال بقدر الحاجة وعلى وفق القاعدة الفقهية ((الضرورة تقدر بقدرها)) واذا ما زالت هذه الضرورة فيتم التوقف عن جباية الأموال لان القاعدة تقضي ـ بـان (مـا جاز لعذر بطل بزواله).

٦. أن تصرف الأموال للغرض الذي جمعت لأجله وعلى الوجه المشروع دون إسراف أو تبذير.

٧. أن يكون الحاكم عادلا مستجمعا لصفات العدالة الشرعية وذلك ضمانا لعدم ظلمه لرعيتـه في جمعه للاموال وفي انفاقها.

٨. أن تكون أحكام اللـه نافذة وحدوده مقامة.

٩. أن يبدأ الحاكم قبل التوظيف بحـث النـاس عـلى التـبرع والانفـاق فاذا لم تكـف يلجـأ إلى التوظيف.

وجوب موافقة أهل الشورى والرأي في الامة.

٥-٤-٢-٢: القروض العامة في الاقتصاد الاسلامي:

لقد ندب الاسلام إلى منح القروض الخاصة والعامة ووعد بالثواب العظيم لمن يقرض المحتاجين فقد قال الرسول صلى الله عليه وسلم ((ما من مسلم يقرض قرضا مرتين إلا كان كصدقتهما مرة))[1]. وان كان هذا الاجر العظيم للقرض الخاص فانه يكون أعظم في حالة القرض العام لان الدولة تقوم بمصالح المسلمين العامة. وكما أن القرض يكون مندوبا اليه في غالب الاحيان فانه يكون في حالة الضرورة والاضطرار يكون واجبا. وقد كان الرسول صلى الله عليه وسلم يقترض عند الحاجة للانفاق على مصالح المسلمين العامة. أما أهم ضوابط الاقتراض العام في الاقتصاد الاسلامي فهي ما يأتي:

أولا: وجود الحاجة أو المصلحة المعتبرة شرعا مثل الحاجة إلى تغطية نفقات الدفاع أو الأمن أو معالجة آثار الكوارث والازمات وما شابه ذلك من الحاجات التي أن لم تشبع يصاب المجتمع بضرر كبير.

ثانيا: عدم كفاية الإيرادات العامة الاعتيادية المشروعة في سد الحاجات والمصالح المعتبرة شرعا.

ثالثا: قدرة الدولة على الوفاء بان تتوقع الحصول على ايرادات في المستقبل ولا يجوز الاقتراض بنية عدم الوفاء.

---

(١) محمد ناصر، صحيح سنن ابن ماجة، المكتب الاسلامي، الطبعة الاولى، ناصر الدين الالباني، ١٩٨٦, رقم الحديث ٢ .

رابعا: خلو القرض العام من الفوائد أي لا يجوز تعاطي الربا اخذا أو عطاءا لان ذلك محـرم أشد التحريم في الاقتصاد الاسلامي.

خامسا: أن تتم جباية القرض العام وانفاقه على الوجه المشروع وبقدر الحاجة.

سادسا: الاصل في القرض العام أن يكون اختياريا. أما في حالات الضرورة مع عدم إقدام الأفراد على إقراض الدولة أو عدم سماح الوقت بعقد القروض الاختيارية لان تأخر الحصول على الأموال قد يؤدي إلى فساد كبير مثل الهزيمة في الحـرب أو هـلاك المنكوبين أو مـا شـابه ذلك. وفي مثل هذه الحالات يحق للحكومة إجبار الأفراد على اقراضها.

سابعا: يحق للدولة عقد القروض الخارجية عنـدما تعجـز المـوارد المحليـة عـن تلبيـة حاجـة الدولة في تغطية انفاقها الضروري وحتى القرض الخـارجي يجـب أن يكون خاليـا مـن الفائدة.

٥-٤-٢-٣: الإصدار النقدي في الاقتصاد الاسلامي:

أن الإصدار النقدي الجديد يعني زيادة وسائل الدفع في الاقتصاد ويتم ذلك عـن طريقين هما زيادة طبع النقود من قبل البنك المركزي في الدولة، أو زيادة عرض الائتمان من قبل المصارف التجارية. أن عملية الإصدار النقدي أو طبع النقود الورقية هو من اختصاص السلطة النقدية حصرا ممثلة بالبنك المركزي. وهو ما كان يقابله في الماضي دار السكة التي تهتم باصدار النقود المعدنية انذاك. ويقابل عملية الإصدار النقدي الجديد انذاك ما كان يعرف بكسر

السكة أي غش النقود من خلال انقاص وزنها أو خلط معدنها بمعدن أرخص. وقد كره جميع الفقهاء هذا الأمر وحرموه على الأفراد واعتبروه نوع من الفساد في الارض وكذلك يكره على الدولة أن تقوم بهذا العمل إلا لضرورة أو لمصلحة معتبرة. أما عملية اصدار النقود الائتمانية والتي تمارسها المصارف التجارية فهي مشاركة للبنك المركزي في اصدار وسائل دفع جديدة يعود نفعها على المصارف التجارية فقط. وتساهم في زيادة عرض النقد ومن ثم زيادة الطلب وارتفاع الأسعار وانخفاض قيمة النقود على افتراض ثبات العوامل الأخرى. أن تمويل عجز الموازنة عن طريق الإصدار النقدي الجديد هو عبارة عن ضريبة يدفعها كل من يملك نقود. فلو أصدرت الحكومة اوراق نقدية، وأدى ذلك إلى ارتفاع الأسعار بنسبة ١% فهذا يعني أن الدولة قد فرضت ضريبة على المتعاملين بالنقد بنسبة ١% مما يتعاملون به من نقد.

٥-٤-٣: قواعد الموازنة والموازنة العامة في الاسلام :

تمتاز الموازنة العامة في الاسلام ببعض القواعد الثابتة والمستمدة من تعاليم الدين الحنيف. هذه القواعد تكون ثابتة ولا يمكن تغييرها في كل زمان ومكان. أما ما عدا هذه القواعد فان للفن المالي أن يتبع الاساليب التي تكفل حسن أداء الدولة لمهامها. وأمر طبيعي أن هذه الاساليب أو القواعد تتغير بتغير الظروف وتبعا للتطور الاقتصادي والاجتماعي وتطور دور الدولة وتطور قواعد علم المالية العامة. كل ذلك بشرط أن لا يكون هناك تعارض مع القواعد الثابتة آنفة الذكر. ولا مع الخطوط العريضة والمقاصد السامية لشريعة الاسلام. وفيما يلي بعض هذه القواعد:

٥-٤-٣-١: فيما يخص قاعدة وحدة الموازنة نجدها ممكنة الاتباع في الموازنة غير المخصصة فقط. أما بالنسبة لموازنة الزكاة فإنها لا تتبع هذه القاعدة لان فريضة الزكاة تعد ايرادا محليا وتنفق حصيلتها في بلد جبايتها وفي وجوهها المخصصة ولا تنقل إلى الحكومة المركزية إلا بعد استنفاد كل اغراضها في البلد المنشأ لها.

٥-٤-٣-٢: فيما يخص قاعدة عمومية الموازنة يمكن أن تتبع في الموازنة العامة غير المخصصة. أما فيما يخص موازنة الزكاة فهذه القاعدة ممكن أن تتبع على مستوى الولاية أو الأقليم وعلى المستوى المركزي لان نفقات جباية الزكاة تخصم من الحصيلة الكلية. ولا ترسل حصيلة الزكاة إلى الحكومة المركزية إلا بعد خصم تكاليف الجباية واستنفاد اغراضها المحلية.

٥-٤-٣-٣: فيما يخص قاعدة سنوية الموازنة فإنها تطبق في الموازنة غير المخصصة وكذلك في موازنة الزكاة حيث أن الزكاة تفرض بشكل سنوي ما عدا المحاصيل الزراعية فتكون موسمية.أما في موازنة الغنائم فهي موازنة مؤقتة توجد حال وجود الغنائم واذا انعدمت هذه الغنائم فلا وجود لها.

٥-٤-٣-٤: فيما يخص قاعدة توازن الموازنة فإنها مطبقة في موازنة الزكاة والغنائم في الظروف الاعتيادية. أما في الظروف غير الاعتيادية فانه يمكن الخروج عن هذه القاعدة كما حدث ذلك في زمن الرسول صلى الله عليه وسلم (إذ اخذ زكاة عمه العباس بن عبد المطلب رضي الله عنه لعامين مقدما) وكذلك تأجيل عمر بن الخطاب رضي الله عنه جباية الزكاة عام الرمادة لحين تحسن

الوضع الاقتصادي وانجلاء الازمة الاقتصادية التي أصابت شبه الجزيرة العربية بسبب حالة الجفاف وانحباس المطر. هاتان الحادثتان تبينان امكانية إحداث فائض أو عجز في موازنة الزكاة. وكذلك الأمر في الموازنة العامة غير المخصصة.

المبحث الخامس

٥-٥: الرقابة المالية

أن الرقابة على المال العام هي أدق وأشد في النظام المالي الاسلامي مـما هـي عليـه في أي نظام مالي آخر. وتهدف إلى ضمان حسن استخدام المال العام والوصول بالانفاق العـام إلى اعلـى وأكفأ إنتاجية ممكنة. وتتخذ الرقابة المالية عدة صور منها:

٥-٥-١: الرقابة الذاتية:

أن كل المسلم بحكم اسلامه وإيمانه يكون حريصا على الأمـوال العامـة التـي تحـت يـده فهي امانة وهو مسؤول عن حسن ادائها. وكذلك المسلم حريص كل الحـرص علـى أن لا يكسـب إلا المال الحلال وحريص كل الحرص على تجنب كسب المال الحرام.

٥-٥-٢: الرقابة الإدارية:

يقصد بها رقابة كل مسؤول لرعيته في الجوانب المالية وتبدأ من رئيس الدولة إلى أصغر مسؤول فيها. وذلك تطبيقا لقول الرسول صلى الـله عليه وسلم (كلكم راع وكلكم مسؤول عن رعيته فالامير راع على رعيته وهو مسؤول عنهم والرجل راع على أهل بيته وهو مسؤول عن عنهم والعبد راع على مال سيده وهو

مسؤول عنه والمرأة راعية على بيت زوجها ومسؤولة عنها)[1] ومن نماذج هذه الرقابة ما أعلنه عمر بن الخطاب رضي اللـه عنه غداة توليه الخلافة إذ قال: (من أراد أن يسأل عن المال فليأتني فان اللـه تبارك وتعالى جعلني خازنا وقاسما) وكان عمر رضي اللـه عنه يرسل المفتشين والعيون لمراقبة العمال في أعمالهم ليوافوه بأخبارهم ويحققوا معهم ويراجعوهم ثم ينفذوا اوأمره فيهم لذلك انتدب محمد بن مسلمة لهذه الوظيفة وهي تشبه وظيفة المفتش العام أو ديوان الرقابة المالية.

٥-٥-٣: الرقابة السابقة والرقابة اللاحقة:

٥-٥-٣-١: الرقابة السابقة:

تتم هذه الرقابة من خلال وضع القواعد التي على أساسها يتم التعامل مع الأموال العامة تحصيلا وانفاقا ومتابعة الالتزام بهذه القواعد. هذه الرقابة تمنع أو تقلل إلى حد كبير من وقوع الخطأ في التعامل مع المال العام. ومن أمثلة هذا النوع من الرقابة ما قام به عمر بن الخطاب رضي اللـه عنه عندما قام بإحصاء الذمة المالية للولاة قبل تعيينهم، وبعد مرور سنة أو أكثر يقارن ذمتهم المالية في التاريخين فان وجدها زادت زيادة غير طبيعية حاسبهم عليها، وان حصلت لديه شبهة بان المسؤول قد استفاد من منصبه الإداري استفادة مالية غير مشروعة قاسمه امواله أو ياخذ الزيادة ويردها إلى بيت المال.

---

(١) مسند الامام احمد, رقم الحديث ٥٦٣٥ .

٥-٥-٣-٢: الرقابة اللاحقة:

تتم هذه الرقابة بعد حصول الوقائع المالية والغرض منها هو التأكد من حسن سير الاجراءات المالية جباية وانفاقا والكشف عن الانحرافات الموجودة ومعالجتها والعمل على عدم تكرارها لاحقا. ومن اجراءات هذا النوع من الرقابة اتخاذ المفتشين الماليين لتدقيق الوقائع المالية، ومنع المسؤولين من ممارسة الاعمال التجارية لاحتمال أن يسخروا قرارات ادارية لخدمة مصالحهم. ومن المبادئ التي ارساها عمر بن الخطاب رضي الله عنه مبدأ (من أين لك هذا) فكان يسأل المسؤولين الحكوميين عن مصادر اموالهم وثرواتهم ويحاسبهم محاسبة شديدة أن وجد خيانة أو تقصير.

٥-٥-٤: الرقابة الشعبية:

من واجبات كل مسلم أن يأمر بالمعروف وينهى عن المنكر بقدر استطاعته. لذلك كل مواطن له الحق في ابداء رأيه في سياسة الدولة المالية وكذلك من واجبه وحقه رصد المخالفات المالية التي يستطيع أن يكتشفها. ومن الامثلة الواقعية على مثل هذه الرقابة في زمن عمر بن الخطاب رضي الله عنه ، إذ قد جاءته برود من اليمن ففرقها بين المسلمين لكل رجل برد وعمر واحد منهم، وقد فصل عمر برده قميص فلم يكفيه فأعطاه ابنه من حصته، وقد اعتلى عمر المنبر فندب الناس للجهاد فقال له رجل (لا سمعا ولا طاعة) فقال عمر: ولم ذلك ؟

فقال الرجل (لانك استأثرت علينا، لقد خرج في نصيبك من الابرد اليمنية برد واحد وهو لا يكفيك ثوبا فكيف فصلته قميصا وانت رجل طويل)!، فالتفت عمر إلى ابنه وقال: (أجب يا عبد الله)، فقال عبد الله (لقد ناولته من بردي فأتم قميصه منه) فقال الرجل (أما الان فالسمع والطاعة).

المصادر

المصادر

- أبو يوسف،" الخراج "، الطبعة الثالثة، (القاهرة، المطبعة السلفية، ١٩٨٢).

- أبو عبيد، القاسم بن سلام،" الأموال".

- البطريق، يونس أحمد،" المالية العامة "، (مركز التدريب الثقافي، بيروت، ١٩٨٤).

- تكلا، شريف رمسيس،" الأسس الحديثة لعلم المالية العامة "، (دار الفكر العربي، ١٩٧٨).

- الجنابي، طاهر،" دراسات في المالية العامة "، (الجامعة المستنصرية، بغداد، ١٩٩٠).

- جوارتيني، جيمس وآستروب، ريتشارد، "الاقتصاد الكلي الاختيار العام والخاص"، ترجمة عبد الفتاح عبد الرحمن وعبد العظيم محمد، (دار المريخ للنشر، الرياض، السعودية، ١٩٨٨).

- زيدان، عبد الكريم، "أصول الدعوة".

- حشيش، عادل أحمد،" أصول الفن المالي في الاقتصاد الإسلامي "، (دار النهضة العربية، بيروت، ١٩٧٤).

- خليل، علي، واللوزي سلمان،" المالية العامة"، (دار زهران، عمان، ١٩٩٠).

- السيد علي، عبد المنعم، "مدخل في علم الاقتصاد مبادئ الاقتصاد الكلي"، (الجامعة المستنصرية، بغداد، ١٩٨٤).

- الشايجي، وليد خالد، "المدخل إلى المالية العامة الإسلامية"، الطبعة الأولى، (دار النفائس، عمان، ٢٠٠٥).

- الشريف، أحمد سعيد، "السياسة الضريبية كأداة لإعادة توزيع الدخل"، (مجلة البحوث الاقتصادية، المجلد الثالث، العدد الثاني، ١٩٩١).

- صدقي، عاطف، "المالية العامة"، (دار النهضة العربية، القاهرة، ١٩٦٩).

- صقر، أحمد صقر، "النظرية الاقتصادية الكلية"، الطبعة الثانية، (وكالة المطبوعات، الكويت، ١٩٨٣).

- صكبان، عبد العال، "مقدمة في علم المالية والمالية العامة في العراق"، الجزء الأول، الطبعة الأولى، (مطبعة العاني، بغداد، ١٩٧٢).

- الطعان، حكمت فارس، "تطور النظام المالي العربي منذ صدر الإسلام".

- عبد الملك، منيس أحمد، "اقتصاديات المالية العامة"، (الطبعة الثانية، دار المعارف بمصر، ١٩٦٦).

- العبيدي، سعيد علي محمد، "أبعاد التنمية الاقتصادية في الإسلام"، (رسالة دكتوراه في الاقتصاد، الجامعة المستنصرية، ١٩٩٥)، (غير منشورة) .

- عبد المولى، السيد، "المالية العامة"، (دار الفكر العربي، القاهرة، ١٩٧٥).

- العربي، محمد عبد الله، "علم المالية العامة والتشريع المالي"، (القاهرة، ١٩٨٤).

- العلي، عادل فليح. كداوي، طلال محمود،"اقتصاديات المالية العامة"، الكتاب الاول، (جامعة الموصل، ١٩٨٨).

- عطية، محمود رياض، "موجز في المالية العامة"، (دار المعارف بمصر، القاهرة، ١٩٦٩).

- العمر، صلاح نجيب،"اقتصاديات المالية العامة"، جامعة بغداد، (مطبعة العاني، ١٩٨٢).

- العمري، هشام صفوت، "اقتصاديات المالية العامة والسياسة المالية"، الجزء الثاني، (جامعة بغداد، مطابع التعليم العالي، ١٩٨٨).

- عواضة، حسن، " المالية العامة "، (دار النهضة العربية للطباعة والنشر ببيروت، ١٩٨٣).

- كنعان، علي،" الاقتصاد الإسلامي "، الطبعة الأولى، دار الحسنين، دمشق، ١٩٩٧).

- الهيتي، نوزاد،" مقدمة في المالية العامة "، (جامعة الفاتح، طرابلس، ١٩٩٧).

- وديع، محمد،" دراسات في المالية العامة "، (دار المعارف بمصر، ١٩٦٦).

- الوزني، خالد واصف. الرفاعي، أحمد حسين،" مبادئ الاقتصاد الكلي بين النظرية والتطبيق "، الطبعة الرابعة، دار وائل للنشر، عمان، الأردن، ٢٠٠١).

- فوزي، عبد المنعم،" مذكرات في المالية العامة "، الطبعة الأولى، (مؤسسة المطبوعات الحديثة، الإسكندرية، ١٩٦١).

- القاضي، عبد الحميد محمد،" مبادئ المالية العامة "، (دار الجامعات المصرية، ١٩٧٥).

- القرضاوي، يوسف،" مشكلة الفقر وكيف عالجها الإسلام).

- الكبيسي، صبحي فندي خضر،" الفروض المالية الإسلامية الدورية وآثارها التوزيعية "، (رسالة دكتوراه في الاقتصاد، جامعة بغداد، ١٩٨٧).

- كداوي، طلال محمود،" الاتجاهات العامة للنفقات الاعتيادية)، في العراق، مجلة تنمية الرافدين، العدد الرابع السنة التاسعة، ١٩٧٨.

- كنعان، علي،" الاقتصاد الإسلامي "، دراسة في اقتصاديات المال ودور الدولة في الاقتصاد"، (الطبعة الأولى، دار الحسنين، دمشق، ١٩٩٧).

- الماوردي، أبو الحبيب علي بن محمد بن حبيب،" الأحكام السلطانية والولاية الدينية "، (المكتبة العالمية، بغداد، ١٩٨٩).

- المحجوب، رفعت،" المالية العامة "، الكتاب الأول، (دار النهضة العربية، القاهرة، ١٩٧١).

- محمد، قطب إبراهيم،" السياسة المالية لعمر بن الخطاب "، (الهيئة المصرية العامة للكتاب، ١٩٨٤).

- مرسي، فؤاد،" الرأسمالية تجدد نفسها "، (عالم المعرفة، مطابع الرسالة، الكويت، ١٩٩٠).

- النقاش، غازي عبد الرزاق،" المالية العامة تحليل أسس الاقتصاديات المالية بين النظرية والتطبيق "، (الطبعة الرابعة، دار وائل للنشر، عمان، الأردن، ٢٠٠١).

Printed in the United States
By Bookmasters